Maria Azzurra Ridolfo

FIORDALISO

MORIRE A 18 ANNI "DI" OSPEDALE

Prefazione di
Alfio Caruso

Titolo: *Fiordaliso. Morire a 18 anni "di" ospedale*
Autore: Maria Azzurra Ridolfo
Prefazione: Alfio Caruso
Conclusioni: Maria Rita Cicero

© 2019
Tutti i diritti sono riservati.

Immagini (pagg. 52, 80)
© 2018, Antonino Bartuccio
© 2019, Charley Fazio

Impaginazione interni e copertina, revisione testi:
Barbara Sonzogni – Studio editoriale
Grafica copertina: Nicoletta Orsenigo
Font Oxygen, Sil Open Font License

Codice ISBN: 979-12-200-5413-3

*Fiordaliso – fleur de lys –
è la dolcezza e il candore di una vita che
sbocciava verso un futuro radioso,
una vita interrotta da una
sofferenza indicibile, culminata nella morte.
È il nostro ricordo amorevole di quella
vita in due atti.
Dolce la vita energica, dolce la sofferenza
vissuta con quel sorriso.*

Anna, Pietro e Tindaro

Prefazione

Stefano è nostro figlio, è nostro fratello, è nostro nipote. Stefano è il ponte lanciato verso il futuro e a diciott'anni di un ponte così si conosce l'inizio, ma non la fine. Stefano è la promessa di un mondo migliore, l'emozione di una scommessa, la gioia di un'avventura da assaporare tappa dopo tappa. Stefano è la voglia di non arrendersi, la caparbietà di lottare contro tutto e contro tutti, la certezza che per quanti siano gli scarafaggi all'assalto del suo corpo egli avrà alla fine un'energia in più.

Stefano è morto da oltre sei anni, ma la sua irrequietezza, i suoi sogni, i suoi colori continuano a vivere nella determinazione con cui Tindaro, Pietro, Anna li hanno fatti propri, li hanno trasformati nell'essenza dei loro giorni. Stefano è deceduto a diciotto anni "di" ospedale, dopo che un medico di straordinaria bravura, il dottor Ferrante, aveva compiuto il miracolo di strapparlo a un destino che appariva irreversibile.

Nei suoi mesi finali Stefano ha avuto l'amaro privilegio di conoscere il miele e il fiele dell'assistenza sanitaria nel nostro Paese. E che alla fine abbia prevalso il fiele ha rappresentato per Tindaro la spinta a trasformare il calvario del figlio nella scudisciata capace d'impedire che un altro ragazzo conosca gli stessi tormenti di Stefano.

Questo libro non insegue rivalse di alcun genere, allo stesso modo in cui la famiglia di Stefano ha per anni rifiutato ogni legittimo risarcimento economico. Questo libro desidera contribuire alla richiesta di verità, che da sei anni rimane inevasa. E lo fa attraverso i pensieri, i sogni, i motteggi, le mattane di Stefano. Lo consegna ai cuori di tutti, anche di quanti non hanno conosciuto Stefano, affinché ciascuno possa sentirsi parte di una grande battaglia di civiltà.

Alfio Caruso

1.

Suona la sveglia. La ignoro, non voglio alzarmi. Mi giro e continuo a dormire: posso sempre fingere che sia domenica.

La mia pigrizia vacilla, scossa da un pensiero improvviso: ormai mancano pochi giorni alla maturità. Mi trascino controvoglia fuori dal letto; se continuo a tentennare, perderò l'autobus.

Una doccia veloce, mi vesto e schizzo fuori dalla porta di casa. Corro giù per le scale, rischio di travolgere la signora Rosanna e il signor Giovanni, che mi urla dietro, rassegnato: «Piano, Stefano! Rischi di farti male!». Mi volto e lo vedo scuotere la testa, ormai mi conosce. Rispondo con un sorriso affettuoso e consolatorio. Mi vogliono bene.

È il 3 maggio. Mi incammino malvolentieri, mani in tasca, auricolari nelle orecchie, occhiali da sole, tiro calci a ogni ostacolo. Poi alzo lo sguardo e la vedo. La giornata prende senso: eccola la mia Rossana! Le vado incontro e l'abbraccio forte, è il nostro saluto mattutino. Fosse per me, la riempirei di baci e carezze, ma mi fulminerebbe con uno sguardo e scapperebbe via.

È timida Rossana, timida e riservata, l'esatto contrario di me. Sarà per questo che l'adoro.

Basta la sua presenza perché l'ansia da maturità si volatilizzi. Presto inizierò una nuova vita, seguirò le mie passioni, diventerò uomo, cammineremo insieme. Le accarezzo la mano, la tengo nella mia. Sonnecchio, la testa appoggiata al finestrino, riscaldata dal tiepido sole primaverile.

La voce di Rossana mi riporta alla realtà: «Siamo arrivati, dobbiamo scendere!».

Mi stiracchio e sospiro: «Ciao, ci vediamo all'uscita».

Un abbraccio e vado. Avrei dovuto stringerla più forte, come se fosse stata l'ultima volta.

Quando varco l'ingresso del liceo, mi guardo intorno: conosco muri e suppellettili, facce e odori. Rifletto sul tempo trascorso. Un po' mi mancherà questo posto.

Basta coi sentimentalismi, meglio entrare: è la giornata della donazione del sangue e i volontari dell'Avis ci aspettano per il prelievo. Spero di risultare idoneo.

Ho un inspiegabile fastidio al collo, l'avrò appoggiato male durante il viaggio. Anzi, a ben pensarci, è da ieri sera che mi duole la testa. Dovrei prendere qualcosa, ma poi non potrei più effettuare il prelievo.

La fila è lunga. E chi ha intenzione di rispettarla? Mi guardo in giro alla ricerca di un diversivo. Improvvisamente incontro i suoi occhi scuri. Basterebbero due paroline per cancellarle quell'espressione divertita, saprei bene cosa dire. Siamo cane e gatto io e Adele, ma cosa sarebbero le mie giornate senza la sua petulanza?

Mi avvicino, sa già cosa voglio chiederle. È lei la mia soluzione all'attesa.

«Passa, Ste! Mi viene l'ansia solo a vederti così inquieto! Passa, fai il prelievo, sparisci e ricorda che mi devi un favore!».

Le assesto un bacio sulla guancia, lei mi guarda confusa.

«Non te l'aspettavi, vero?» chiedo ammiccando. «Non sono poi così stronzo, ammettilo».

Non le lascio il tempo di rispondere. Mi volto e corro a farmi bucare il braccio.

In classe, solita atmosfera. Battute, risate, facce tese per l'interrogazione, ripassi veloci, improvvisati e maldestri, mani sudate, preghiere. Inizia la lezione ma stento a seguire. Che succede? Non mi sento bene. Chiedo il permesso di uscire per andare dal medico.

«Che hai Stefano?» mi chiede non appena varco la porta.

«Ciao Doc, ho male al collo. Avrò dormito in una posizione scomoda sul bus. Pensavo che il fastidio diminuisse, invece è peggiorato. Puoi darmi qualcosa?».

Il dottore mi porge un antidolorifico e mi schiaccia l'occhio: «Corri in classe. Ricordati che manca poco agli esami».

Ritorno in aula e aspetto che la medicina faccia effetto. Passa un po' di tempo, ma la situazione non migliora. Mentre il dolore alla testa aumenta costantemente, ricevo un messaggio di Rossana: uscirà prima da scuola. Le rispondo che ci vedremo al solito posto, che ho male al collo e che ho preso un antidolorifico.

Provo a dissimulare, a non pensarci, a concentrarmi. La stanza è immersa nella penombra, il prof di filosofia ci mostra delle diapositive. Appoggio la testa al davanzale della finestra e chiudo gli occhi.

«Stefano! Stefano! Che hai?».

Le voci dei compagni mi giungono lontane e

ovattate, ho difficoltà a uscire dal torpore che mi avvolge la testa e il corpo.

«Prof, c'è qualcosa che non va! Stefano non sta bene!» esclamano quasi in coro.

«Esci Stefano, chiama casa» mi dice lui.

"Esci": facile a dirsi! Non so cosa stia succedendo, ma ho difficoltà persino ad aprire una bottiglietta d'acqua, ho quasi paura a mettermi in piedi. Prendo il telefono e faccio il numero di mamma.

Attorno a me tanta gente, occhi che mi scrutano, i professori mi chiedono come mi sento.

«Non bene, ho la nausea, le gambe non mi reggono. Direi che non sono in gran forma. Mi sarò beccato un virus allo stomaco. Sono troppo scombussolato, sarà questo».

Concitazione, volti preoccupati. I miei amici, tutt'intorno, sdrammatizzano, mi prendono in giro, ma lo sento che sono in allarme.

«Smettetela scemi, non ho nulla!».

Tento di fare una smorfia, ma mi riesce malissimo.

Chiamano dalla portineria: mamma è giù che aspetta. Realizzo di non farcela a scendere da solo. Non ho bisogno di chiedere nulla, Antonio e Loris si lanciano una rapida occhiata e corrono a sostenermi, uno a destra, l'altro a sinistra. Nonostante il supporto, zoppico.

Ecco mamma. Non faccio in tempo a salutarla, che mi assale un conato di vomito. Che figura di merda.

Mi stendono a terra. Mentre me ne sto come un salame sul pavimento dell'androne della scuola, penso a papà, la pressione gli schizzerà a mille, a mamma, che inizierà ad agitarsi. Mi spiace creare fastidio, allarmare tutti per una sciocchezza, fare tanto rumore per nulla. So già che oggi verrà ricordato come il giorno in cui Stefano ha messo in subbuglio mezzo mondo.

Arriva anche papà. Come ha fatto a fare così presto?

«Sto bene! Rilassatevi! Non è niente!».

Mamma mi chiede come mi sento, che cosa è successo, da quanto tempo, come, perché. Provo a tranquillizzarla. Papà ha il volto tirato, parla con i professori, dice che sta arrivando l'ambulanza, mi porteranno dalla guardia medica per capire meglio. Sento le sirene: addirittura! Finiamola, non è poi così grave, facciamo questi controlli e torniamo a casa. Voglio sdrammatizzare e convincermi che andrà tutto bene.

Il medico del 118 si avvicina chiedendomi che fastidi accuso e da quanto tempo. Gli dico del collo, della testa, della nausea e della spossatezza. Mi consiglia di stare tranquillo. Due minuti dopo sono su una barella. Lascio la mia scuola così: disteso, immobilizzato, sorpreso, ma ancora fiducioso.

Caspita! Non ho avvertito Rossana! Appena saprà che mi hanno portato via in ambulanza le verrà un colpo. Guardo oltre il cancello: sta passando un autobus, il mio. Certamente si starà chiedendo perché non le abbia più dato notizie.

Ciao Ro, ci vediamo nel pomeriggio.

2.

Le portiere dell'ambulanza si chiudono. Partiamo a sirene spiegate verso la guardia medica. Dottore, perché mi chiedi di chiudere gli occhi, di toccarmi il naso? Perchè scruti le mie pupille con tanta attenzione? Che cosa vedi? Cos'è questa faccia preoccupata, cosa leggi nei miei occhi? Niente di buono, credo, altrimenti non ci sarebbe motivo di consigliare il trasferimento all'ospedale di Sant'Agata di Militello. Sento parlare di anomalie neurologiche, di *nistagmo*.

Ma che è 'sto nistagmo?

Non posso nemmeno cercare su Google, non ho il cellulare con me: oggi è proprio la giornata della sfiga.

Solo il pensiero di dovermi separare dal mio iPhone mi causa una fitta al cuore. È un'estensione di me, amo smontarlo, capire com'è fatto, poi rimettere insieme i pezzi e accorgermi con soddisfazione di esserne capace. Non è un telefono qualsiasi il mio, ma un concentrato di tecnologia e innovazione, design e potenzialità.

Amo visceralmente il mio iPhone e il pensiero di dovermene separare mi causa una fitta al cuore simile a quella che proverei se dovessi allontanarmi da una persona cara.

Qualche mese fa s'è spento improvvisamente. L'ho smontato, analizzato, visionato, ma non sono riuscito a fare nulla. In preda al panico, l'ho portato a un centro d'assistenza, preparandomi a una lunga, straziante attesa. Non l'ho mai completamente abbandonato: seguivo i suoi spostamenti e comprendevo il grado dei tentativi tecnici a seconda del centro in cui si trovava. Poi, un giorno, ho scoperto che stava andando lontano, troppo lontano: Irlanda. Il danno doveva essere grave, ero inconsolabile e, manco a dirlo, bersaglio dell'ironia pungente di compagni di scuola e amici che si divertivano a prendermi in giro. I bastardi sapevano bene che era come sparare sulla Croce Rossa e, lungi dal consolarmi, utilizzavano, senza pietà, l'artiglieria pesante.

Ho aspettato qualche settimana. Con il passare del tempo ci pensavo sempre più raramente, finché mi sono reso conto che potevo anche farne a meno. Poi il bimbo è tornato a casa. L'ho accolto con gioia, sebbene quella consapevolezza fosse ormai parte di me. Ma adesso è diverso. Adesso sono io che rischio di andare troppo lontano.

Sant'Agata di Militello, destinazione raggiunta. Sempre disteso, sorpreso, dolorante. Mi portano da una stanza all'altra, ripetono gli stessi controlli che hanno già effettuato a Capo d'Orlando, più una TAC. Mentre la eseguono resto immobile, penso a come le giornate possano iniziare bene e finire una schifezza. Voglio solo che diano un nome a questo crescente malessere, mi diano qualcosa e mi rispediscano a casa. Ho un miliardo di cose da fare, non posso certo stare fermo così.

Mi portano in una stanzetta, rifanno i test neurologici. I dottori mi scrutano perplessi, valutano le mie condizioni, incrociano gli sguardi, infine alzano le spalle. Vorrei urlargli che sono qui davanti a loro, di darsi una mossa e formulare una diagnosi verosimile, di somministrarmi qualcosa che mi faccia stare meglio, di far finire quest'incubo.

Non lo faccio, non urlo. Calma Ste, mi dico. Non fare il pazzo, non concluderesti molto. Devi avere pazienza, qualcosa dovranno pur dirla.

Tempo, un tempo indefinito. Non so da quanto mi trovi qui. Vorrei scappare, ma mi acciufferebbero subito: la parte destra del mio corpo è come impigrita, non collabora. E allora conto, penso, guardo il soffitto, immagino si squarci per mostrarmi il cielo e offrirmi una via di fuga.

Sento aprire la porta. Mi volto e vedo Pietro: il cuore accelera, la bocca si allarga in un sorriso. Non sono mai stato così felice di vederlo.

«Oh, hai capito qualcosa? Si può sapere che ho?».

Per tutta risposta Pietro scoppia a piangere. È scosso e spaventato. Non mi piace vederlo così.

Gli afferro la mano e gliela mordo: «Smettila di frignare e cerca di capire quando potrò uscire da questo ospedale di merda!».

Adesso Pietro ride di gusto, e io con lui. Ci troviamo in una stanza di ospedale, senza sapere per quale motivo. Soli, ma siamo sempre noi: diversi ma complementari, litigiosi ma uniti. Fratelli.

Pietro sgattaiola via furtivamente, spero riesca a capirne di più e torni ad aggiornarmi. Sento il braccio destro formicolare con crescente insistenza, anche la gamba non scherza e la testa mi scoppia. Una situazione paradossale: da un numero imprecisato di ore sono attorniato dai medici e nessuno mi ha ancora dato qualcosa che mi faccia stare meglio.

Calma Ste, calma.

Finalmente, la porta della stanzetta si spalanca. Capisco subito che non può essere Pietro. Arrivano medici e portantini, seguiti da mamma e papà.

Camurria! Vuoi vedere che non mi rimandano a casa?

Esatto: mi trasferiscono a Cefalù. Al San Raffaele hanno apparecchiature all'avanguardia che potranno fornire una diagnosi più precisa.

Altro giro, altra corsa! Per la terza volta in un giorno vengo caricato su un'ambulanza. Questo viaggio sarà più lungo. Quando arriveremo sarà quasi sera, mi conviene rassegnarmi all'idea che trascorrerò la notte in ospedale.

Chiudo gli occhi e provo a spegnere il cervello. Inutile. Continui sobbalzi. Troppe incognite.

Il San Raffaele sembra un albergo a cinque stelle! Altra atmosfera, altro ambiente. È chiaro che mi stanno aspettando, sanno già della mia situazione. Spero che capiscano, che le loro sofisticate apparecchiature svelino l'arcano.

Mi sistemano in una stanzetta. Mi guardo intorno, sono solo. Accanto al mio letto, una poltrona che attende di essere riempita. È la poltrona della compagnia, quella su cui trascorrono la notte i familiari dei pazienti che non possono essere lasciati da soli. Dei casi gravi, insomma.

Mamma, papà e Pietro si trattengono a parlare con i medici. Immagino la faccia di Pietro e scoppio a ridere. A lui tutte queste cose danno davvero fastidio. Pignolo com'è, aspetta di essere davvero informato sulle mie condizioni prima di dire qualsiasi cosa, non gli interessano gli sconti, né le approssimazioni consolatorie. Lo immagino con gli occhi puntati sui medici, lo sguardo interrogativo e impaziente, una disposizione d'animo variabile, poco incline a risposte vaghe.

Provo a fare il punto della situazione: mi trovo nel reparto di neurologia, quindi è chiaro che c'è qualcosa che non va nella mia testa. Del resto, il dolore non manca di ricordarmelo. La parte destra del corpo è sempre più debole e poco reattiva, stento a compiere i movimenti più elementari.

Ylenia e Marika piombano nella stanza come trottole impazzite. Parlano, mi prendono in giro, fingono di essere serene, come se fossimo a casa mia, come se nessuna preoccupazione le impensierisse, come se si trattasse di un piccolo incidente di percorso, un'influenza o un banale raffreddore. Però lo vedo che Ylenia stenta a trattenere le lacrime e che Marika si volta troppo spesso verso la finestra: mi accorgo delle occhiate furtive e del loro sgomento. Non pensavano di trovarmi così, incapace di parlare bene e muovermi autonomamente. La loro presenza mi rende comunque felice, spezza la noia di questa giornata da incubo, mi porta via da questa stanza. Mi sento a casa, rassicurato, tranquillo. Spero di tornarci già domani.

Mi baciano entrambe, scombinandomi il ciuffo: «Ci vediamo domani! Sbrigati, senza te che rompi le scatole, non ci si diverte!». Un sorriso, una linguaccia e vanno via.

Fuori dalla stanza stanno parlando di me, le voci filtrano attraverso la porta. Mi giunge con chiarezza un'ipotesi di diagnosi: sclerosi multipla. Non ho la più pallida idea di che cosa significhi, se debba sentirmi rincuorato o disperato. Ancora una volta, cerco senza successo l'iPhone alla fine del mio braccio, sulla poltrona della compagnia, fuori dalla finestra.

Mamma e papà entrano nella stanza. Vorrei dir loro che ho sentito tutto e che devono spiegarmi in che cosa consiste la diagnosi, ma scelgo di non farlo. Leggo nei loro volti preoccupazione, tensione, stanchezza: non voglio caricarli di un ulteriore peso. Mi informano che domattina verrò sottoposto a una risonanza magnetica che fornirà risposte più precise. Non dico nulla.

«Come stai?» mi chiede mamma.

«Sto. Non preoccuparti, andate a riposare. Qui sono in ottime mani. Ci vediamo domani».

Mi baciano e vanno via. L'arrendevolezza con cui acconsentono a tornare a casa la dice lunga sul loro grado di prostrazione. La poltrona della compagnia mi fissa. Rimarrai senza inquilini stasera, mia cara. Non ho bisogno di custodi.

M'illudo: la porta si spalanca, entra Pietro.

«Stanotte resto con te. Ho portato il computer per guardare un film. Ho pensato ad *Asterix e Obelix*. Non ci annoieremo». La poltrona se la ride.

Non si sta poi così male qui, sono tutti carini, gentili, silenziosi. Si muovono con cautela, l'approccio è pieno di tatto e competenza. Poteva andarmi peggio, potevo finire in una stanza affollata di lettini e di pazienti, attorniato da personale freddo e scostante.

Sono stanco. La giornata è stata estenuante, mi sento sempre più debole, a tratti confuso.

Niente film, provo a dormire. Forse mi rassenerò e quando riaprirò gli occhi sarà tutto risolto. Grazie e tanti saluti.

«Il film lo vediamo domani a casa».

Mio fratello mi guarda, annuisce, mette da parte il computer, si sdraia sulla poltrona. Mi scruta, non mi abbandona mai, attento a ogni espressione, pronto a scattare sull'attenti a ogni eventuale richiesta. Chiude gli occhi, ma so che fra qualche istante li riaprirà e tornerà a posarli su di me. È preoccupato, la tensione lo divora. Prova a dissimularla, però non riesce a ostentare la sua solita sicurezza. Tranquillo, dammi un paio di giorni e ricomincerò a tormentarti.

Mi impongo di rilassarmi, chiudere gli occhi, pensare positivo. La buona volontà, tuttavia, non basta. Resto in un dormiveglia intermittente e confuso. Sono debole, la parte destra del mio corpo sembra in sciopero.

Pietro apre gli occhi, si accorge che sono sveglio: «Hai bisogno di qualcosa, Ste?».

«Sì, ho sete. Mi passi l'acqua?».

Salta in piedi e mi avvicina una bottiglietta, ma non riesco a tenerla in mano. Lui capisce al volo e l'afferra, avvicinandomela alle labbra. È un attimo! Un breve istante che basta a farmi capire che la situazione sta peggiorando a vista d'occhio. Ho dimenticato perfino come si deglutisce, mi manca l'aria. Fisso il volto terrorizzato di Pietro, che mi trascina fuori dal letto, mi prende in braccio come un poppante e inizia a scuotermi con veemenza, invocando aiuto.

Sento un filo d'aria entrare dal naso e allargare i polmoni, ma sono ancora in preda a forti attacchi di tosse. Ci vuole un po', alla fine riesco a riprendermi.

Pietro è sconvolto. Averlo terrorizzato mi riempie di tronfia e cameratesca soddisfazione, ma si fa strada il sospetto che da qui non uscirò presto.

3.

Faccio enormi passi indietro: non mi reggo in piedi, ho la parte destra del corpo completamente paralizzata, non riesco a bere, parlo male. Sono nella merda, inutile negarlo.

Ho sete. Mi bagnano le labbra con un fazzolettino, ma non basta. Vorrei tracannare una bottiglia intera di acqua fresca, come ho fatto migliaia di volte, con un gesto semplice, primordiale, liberatorio, ora per niente scontato. Le cose cambiano improvvisamente, spero solo non in maniera definitiva.

Aspetto che faccia giorno, che la luce del mattino porti via i brutti pensieri, i presagi funesti: di luce, ecco di cosa ho bisogno, di luce e fiducia.

Mamma e papà arrivano di buon mattino. Mi salutano senza distogliere lo sguardo dal mio viso: non devo avere una bella cera. Lasciano la stanza insieme a Pietro, che gli racconta dell'acqua, dell'incapacità di deglutire, di muovermi, di parlare.

Gli infermieri mi prelevano con una sedia a rotelle per la risonanza magnetica. Almeno sapremo qualcosa.

Arrivo in un sotterraneo poco rassicurante, sembra un bunker. Qui regna il silenzio. Nessun altro paziente: sarò il primo della giornata. Grazie, è un onore.

Mi portano davanti a un tubo enorme: dovrò stare lì dentro per un bel po'. Tranquilli, non vi darò problemi: starò fermo, fermissimo. L'avete capito o no che non riesco a muovermi?

Buio. Chiudo gli occhi. Mi mettono le cuffie per attutire i rumori.

È come se qualcuno stesse prendendo a mazzate il tubo. Poi il suono si trasforma, sembra di sentire una nave che salpa, la sirena della polizia, una voce lamentosa e metallica che canta una litania infinita, inquietante.

Nana-nana-nana…

Al di là del vetro, qualcuno sta scrutando le immagini del mio cervello. Presto sapremo, mi ripeto ossessivamente.

Mi rimbombano in testa le parole di ieri: "sclerosi multipla". Sembrerebbe meno grave di un tumore, il mostro che avvelena tutto ciò che incontra. Lo immagino nero e aggressivo con occhi cattivi e beffardi, appiccicoso, viscido, stronzo. Un invasore vigliacco.

Mi riportano in stanza. Sono stato bravo, non mi sono mosso. Caspita, faccio fatica a restare lucido: è come se qualcuno stesse lentamente abbassando il volume dei miei sensi.

Brancolo confuso alla ricerca di me stesso.

Mio padre è chiuso da un bel po' nella stanza del dottor Maiorana: non so se sia un buon segno.

Aspetto.

«Signor Terranova, la risonanza parla chiaro, Stefano non è affetto da sclerosi multipla, ma da un angioma cavernoso del bulbo sinistro che ha iniziato a sanguinare». Il medico è chiaro, preciso, ma parla in *scientifichese*.

«Mi spieghi meglio, dottor Maiorana, è grave? È una sorta di tumore?».

«Non proprio. È un'anomalia vascolare congenita, che è rimasta silente e asintomatica in tutti questi anni. A mio avviso, non c'è una terapia diversa da quella chirurgica. Credo che l'unica cosa da fare sia intervenire per asportare l'angioma. Non abbiamo molto tempo, le condizioni di

Stefano peggiorano molto velocemente. Qui non siamo in grado di procedere, non abbiamo né la strumentazione né le competenze. Bisogna effettuare l'intervento altrove».

Livido in volto, con le mascelle serrate, reduce da una notte insonne, papà si stropiccia gli occhi come se volesse svegliarsi da un incubo. Poi si passa una mano tra i capelli, sospira e chiede: «Dove? Qual è il miglior centro specializzato in questo tipo di interventi?». Tira fuori le parole a fatica, la paura gli incrina la voce.

«Milano ospita un polo d'eccellenza riconosciuto a livello europeo, ma non so se siano disposti ad accogliere il caso. Senza considerare che il trasferimento sarebbe totalmente a carico della vostra famiglia e dovrebbe avvenire in tempi brevissimi».

«Tutto chiaro, dottor Maiorana. Lei contatti i suoi colleghi milanesi e si accerti della loro disponibilità a eseguire l'intervento. Io penserò a organizzare il resto».

Papà ha indossato il mantello da supereroe. Se potesse, mi prenderebbe in braccio e volerebbe dritto fino a Milano. Un attimo di smarrimento, il tempo di pensare, raccogliere le idee, definire un piano, fare un centinaio di telefonate ed ecco che è tutto pronto per il mio trasferimento: è riuscito a contattare un'azienda palermitana che si occupa di trasporti medici in aero-velivoli attrezzati.

Da Milano arriva la disponibilità del dottor Ferrante a eseguire l'intervento. Dicono che sia molto bravo, un vero luminare: spero che non si sbaglino.

Mamma si avvicina al letto, mi guarda.

«Ho un tumore, vero?» le chiedo brutalmente. La vedo rabbuiarsi: forse sono stato troppo duro.

«No, Stefano, fidati, non si tratta di un tumore, ma è comunque necessario intervenire chirurgicamente. Stiamo predisponendo il tuo trasferimento a Milano». Nei suoi occhi scorgo il terrore.

Non sono molto lucido, ma capisco quello che sta accadendo. Le cose non sembrano mettersi bene. Se mi trasferiscono altrove vuol dire che la "cosa" che mi pulsa in testa è grave. Dopo i giri in ambulanza di ieri, oggi faccio il salto di qualità: un volo su un aereo medico, un'esperienza che mi mancava.

Lascio l'ospedale di Cefalù quando il sole è già tramontato. Mi caricano su un'ambulanza e via verso l'aeroporto di Palermo, da dove decollerò alla volta di Milano.

È tutto così inaspettato, repentino. Capisco che è una corsa contro il tempo, leggo l'ansia negli occhi di mio padre, ma anche in quelli del personale medico. E allora muoviamoci! Andiamo!

Papà ha portato con noi un altro medico, che affiancherà quelli di bordo; si tratta di un'anestesista. Non mi spiego il motivo di questa presenza, vorrei domandare, ma sono troppo stanco. Preferisco ascoltare l'aereo che rulla sulla pista del Falcone e Borsellino e le chiacchiere forzatamente frivole di chi mi sta accanto. Mi faccio avvolgere, mi farà bene smorzare la tensione, provare a credere che tutto andrà bene.

Atterriamo a Milano che è già buio fitto. Sulla pista mi attende l'ennesima ambulanza: organizzazione impeccabile, papà è stato davvero un grande. Ma quanto gli sarà costato tutto questo? Avrà speso una barca di soldi. So che darebbe la vita per me, però mi spiace davvero per il trambusto, le spese, i disagi, per questo *mostro* che ho in testa e che non ho ancora capito bene che cosa sia. Mi spiace per tutto e sono stanco, stanchissimo. Provo a muovere la parte destra del mio corpo, ma non mi obbedisce.

All'ospedale milanese conoscono le mie condizioni. Mi sistemano in uno stanzone, consigliando di riposare. Per stanotte non si deciderà nulla, domattina incontrerò il chirurgo, che deciderà come procedere.

Ho paura di addormentarmi. E se il *mostro* decidesse che non devo svegliarmi più? E se tutto finisse questa notte? E se non avessi il tempo di salutare nessuno? E se... la stanchezza vince i dubbi, chiudo gli occhi, sprofondo in un sonno pesante.

Papà veglia su di me. A un tratto mi sembra di sentire il suo telefono che vibra, poi lui che si allontana. Risponderà in corridoio per non disturbarmi, sarà la mamma che chiede di me.

«Riposa, Anna; riposa serenamente. Dovresti vedere com'è bello, bellissimo, anche se stanco ed esausto. Dolce. La fronte distesa, le labbra leggermente dischiuse, il volto di un bimbo, nonostante la barba. Qui è la quiete. Siamo in ottime mani, domani ne sapremo di più».

La telefonata dura poco. Sento ancora i suoi passi, quindi un bacio leggero sulla mia guancia, prima che la voce di un infermiere mi svegli del tutto.

«Non può restare qui stanotte, signor Terranova. Vada a riposare, ci rivedremo domattina».

Papà prova a obiettare, domanda di restare, in fondo non ha dove andare, ma il personale di sala è irremovibile. Va via, lascia l'ospedale accompagnato da Simone, un amico milanese. Spero che la sua presenza gli faccia sentire meno la solitudine.

Adesso siamo soli, io e il *mostro* che mi fa scoppiare la testa. Mamma e Pietro sono rimasti a casa. Anche per loro sarà una notte difficile.

Di buon mattino mi prelevano per una nuova risonanza magnetica. Ormai ho capito come funziona: fermo, immobile per un tempo indefinito dentro un tubo buio e rumoroso in compagnia dei miei pensieri e di mille domande, mentre i medici passano in rassegna il mio cervello.

Allora, lo vedete il *mostro* che ha provocato questo terremoto? Che forma ha? Quanto è grande? Siete certi che non sia un tumore?

Ho paura che non mi abbiano detto la verità, che abbia un cancro, che tacciano per proteggermi.

Una volta tornato in camera, trovo papà ad aspettarmi. Ha una pessima cera, sembra che non abbia chiuso occhio.

«Hanno già iniziato con gli accertamenti, a breve parlerò col chirurgo». Si sforza di sorridere, tuttavia il suo viso è intrappolato in una smorfia di dolore.

«È domenica, papà. Pensi che verrà qualcuno a visitarmi?» biascico.

«Certo Stefano, il dottor Ferrante sta per arrivare». Non mente: fa appena in tempo a chiedermi se ho riposato che vengono a chiamarlo per il colloquio col medico.

Papà si siede fuori dalla porta, dietro la quale il dottor Ferrante e la sua équipe stanno visionando il mio cervello: immagina tanti camici bianchi chini sulla risonanza. Spera in cuor suo che la porta si spalanchi, che esca fuori il chirurgo con un sorriso raggiante stampato sul volto ed esordisca dicendo: «Niente di grave! A Cefalù si sono sbagliati! Stefano sta bene, gli daremo due pillole, una curetta da continuare a casa e tutto questo sarà solo un brutto ricordo!».

La porta della stanza si apre, finalmente. Il dottor Ferrante lo invita ad accomodarsi. Nessun sorriso, però, nessun entusiasmo. Il volto serio, l'aria pesante. Si dirige verso la diapositiva del mio cervello, che ritrae il *mostro*.

«Questo cerchiato di rosso è l'angioma cavernoso di Stefano, che ha iniziato a sanguinare. La situazione è seria perché la lesione è situata sul tronco encefalico, una zona estremamente delicata per la presenza dei centri nervosi di primaria importanza, la cui compromissione potrebbe causare deficit invalidanti. Suo figlio non è stato molto fortunato, perché solo una piccola percentuale di cavernomi si presenta in questa regione; sono più comuni quelli della zona degli emisferi centrali, nei quali è più agevole intervenire. Abbiamo valutato attentamente il rapporto tra beneficio e rischio operatorio e ci sono solo due possibilità: lasciare tutto per com'è, e in questo caso Stefano non avrà alcuna speranza di sopravvivere, oppure intervenire chirurgicamente, con un'operazione lunga e complessa, che durerà parecchie ore. Se sarò bravo e riuscirò a non fare altri danni, suo figlio si riprenderà totalmente. Probabilmente avrà bisogno di un ciclo riabilitativo e l'unico problema permanente potrebbe consistere nella difficoltà a scrivere con la mano destra. Sta a lei scegliere». Il dottor Ferrante avvicina a papà i moduli per il consenso informato. «Mi serve la sua firma per eseguire l'intervento».

«Quando potrà essere operato?» è l'unica domanda che papà riesca a formulare. Gli manca il respiro, una morsa di angoscia gli stringe il petto, le mani e la voce gli tremano, la vista si offusca, il cuore galoppa, la gola diventa secca, le orecchie ronzano, le tempie pulsano.

«Subito, signor Terranova. C'è già una sala operatoria che sta per essere allestita».

Papà chiede un attimo di tempo. Guarda i fogli

per il consenso, chiama mamma raccontandole la drammatica situazione. Non c'è molto di cui discutere, niente da scegliere o valutare. Papà firma e corre nella mia stanza.

«Stefano, ho parlato con il dottor Ferrante, ha predisposto un intervento immediato. Fra poco verranno a prelevarti, ti porteranno giù e inizieranno la fase preparatoria».

«Mi operano oggi stesso? Di domenica?» chiedo incredulo. «Allora sono proprio un caso serio! Cosa rischio, papà? Dimmelo, devi dirmi tutto ed essere sincero, hai sempre giurato che non mi avresti mai mentito, che mi avresti buttato sempre in faccia la realtà, anche quella più dura, difficile, dolorosa».

Papà esita un attimo, immagino stia cercando le parole giuste per rendere meno amara la risposta. «Siamo in un centro di eccellenza, Stefano. Questo è l'ospedale in cui possono risolvere il tuo problema. Il medico che ti opererà conosce bene la tua patologia, ha eseguito tanti interventi simili, alcuni anche molto più complicati. È il pioniere degli interventi in *awake*. Sai cosa significa?».

Scuoto la testa perplesso.

«Opera al cervello mentre il paziente è sveglio e, parlando, guida la sua mano, lo aiuta a trovare la strada giusta, a non far danni, a non incidere centri nervosi fondamentali per la parola, la vista, l'udito. Ovviamente non sarà il tuo caso, ma quello che ti ho appena raccontato spero ti rassicuri. Non sarà facile, ma ne verremo fuori. Io non ho dubbi!».

È distrutto, prostrato, terrorizzato, però è sincero. I suoi occhi mi parlano e gli occhi non mentono. Lui ci crede davvero che tutto andrà bene; ha paura, ma è fiducioso. Devo esserlo anch'io. D'altronde, non ho alternative, peggioro di minuto in minuto e se ci fosse anche solo una possibilità che dopo questa operazione io torni a star meglio, non me la lascerò sfuggire. Lotterò come un leone per uscire da questo incubo, per sconfiggere questa merda che mi sta invadendo il cervello, per tornare presto a casa e vedere nuovamente la serenità negli occhi di mio padre. Lotterò per diventare uomo.

«Hai parlato con mamma?» chiedo stringendogli la mano.

«Certo, sa tutto! Presto si organizzerà per raggiungerci».

Papà abbozza un sorriso, mi accarezza i capelli.

«Ma non è che mi raseranno a zero, vero?» chiedo allarmato. «Non facciamo scherzi, lo sai quanto ci tengo al mio ciuffo! E poi, il *mostro* è accomodato nella parte posteriore della mia testa, a occhio e croce non dovrebbe essercene bisogno. Però, sai che ti dico? Spariamoci un selfie, lo mandiamo a mamma e a Pietro e immortaliamo la mia chioma. Non si sa mai».

Papà si avvicina, mette la sua guancia accanto alla mia, sorridiamo e rendiamo eterno questo istante.

In sala operatoria fa freddo, ma io tremo per la tensione. Mi apriranno con un trapano la scatola cranica, andranno alla ricerca del *mostro*, tenteranno di sconfiggerlo, useranno le armi migliori per non creare danni collaterali. Strumenti intelligenti, sofisticati. Neuro-navigatori e bisturi superaccessoriati entreranno dentro la mia testa, eseguiranno le direttive di una mano esperta, precisa, competente. Sono fiducioso, ma solo a pensarci mi sento svenire dalla paura.

Inutile prendersi in giro: so bene che i rischi sono altissimi, potrei anche non svegliarmi o non essere più la stessa persona, rimanere paralizzato o, peggio ancora, in stato vegetativo, immobile, incapace di provvedere a me stesso. Questa ipotesi mi terrorizza, con l'angoscia però non risolverò nulla. Devo fidarmi, sperare che tutto vada bene, lottare, non mollare, ricordarmi chi sono, cosa voglio diventare, tenermi stretti sogni e futuro. Non rinuncio.

Non te la mollo la mia vita, *mostro* maledetto.

4.

«Ai miei tempi si doveva aspettare l'ultimo anno del liceo per attraversare lo Stretto ed era già tanto se superavi Roma!».

«Hai detto bene, papà, "ai tuoi tempi"! Adesso, per fortuna, siamo in una nuova epoca e ci è consentito di vivere a tremila anche prima dei diciotto anni! Correre, papà, bisogna correre! Pedalare! Bere la vita, acchiappare ogni occasione. Andare! Vento in poppa! E poi, scusa, pensa a quando me ne andrò in vacanza a Ibiza!». Scoppio a ridere e sfodero una linguaccia.

Papà non fa una piega, firma il modulo per il viaggio d'istruzione e me lo porge.

«Ibiza te la scordi!». Si gira e se ne va.

Parigi in primavera è stupenda, ma credo lo sia sempre. Ogni sguardo è una nuova emozione, ogni profumo un ricordo che si fissa nella mente. Qui ci vivrei per sempre e forse non mi basterebbe una vita intera per cogliere tutto lo splendore di questa città. Se fosse possibile me ne andrei in giro anche di notte, non mi fermerei mai, per scoprire posti nuovi e tornare in quelli che mi hanno affascinato. Vorrei essere libero e solo, andare dove più mi piace, fermarmi quando lo decido, mangiare solo se ne ho voglia.

Ci tornerò in questa città, con lo zaino in spalla e una macchina fotografica. Con la metro è semplice muoversi: basta avere una cartina e il gioco è fatto. I miei compagni sono molto timorosi, hanno paura di perdersi senza la guida dei professori. Io invece vorrei scappare e correre su e giù per gli Champs-Élysées, magari in bici, passare sotto l'Arc de Triomphe, respirare quest'aria, nascondermi nel Louvre per girarlo di notte, in silenzio.

Notre-Dame è trafitta dai raggi tiepidi del sole primaverile, maestosa, severa, bellissima. Le guglie minacciose e imponenti spiegano la folgorazione di Hugo. Entro e percorro la navata centrale. Alzo lo sguardo: mi rimane incollato sulle volte. Sembra che da un momento all'altro debba sbucare fuori Quasimodo per condurmi nel luogo in cui tiene nascosta Esmeralda. Realtà e fantasia si mescolano, mi sento come stordito, mi siedo. Il tempo si annulla, la vita si dilata.

«Ste, dobbiamo andare!» i compagni mi chiamano. Sono già pronti a uscire.

«Io resto qui!».

«Non dire cazzate! Dobbiamo andare, ci aspettano!».

Li seguo malvolentieri, cammino per i fatti miei, lontano dal gruppo, tiro calci alle pietre che incontro in una sorta di trance che non riesco a spiegarmi.

«Stefano, dov'è il tuo zaino?» mi chiede Antonio. Mi accorgo di avere le spalle leggere, libere. Sono sicuro di averlo avuto con me all'uscita dall'albergo, quando ho tirato fuori gli auricolari.

«Prof, torno indietro. Ho dimenticato lo zaino a Notre-Dame!».

Quando realizza, sono ormai fuori dalla sua portata. Lo sento inveire, imprecare, darmi dell'idiota. In tutta sincerità me ne frego. Non mi importa se arriveranno tardi al ristorante. Che vadano pure, li raggiungerò lì.

Corro. L'aria scompiglia il ciuffo, gonfia i polmoni. Resisto alla tentazione di gettare uno sguardo sulla Senna e raggiungo la cattedrale. Entro a testa bassa: lo zaino è sulla panca, lì dove lo avevo lasciato. Lo afferro ed esco.

Corro. Vorrei rubare la torre Eiffel, conservare questa musica, rivivere infinite volte l'emozione di guardare Parigi dall'alto, riempire ancora gli occhi di questa immensità piena di promesse. Tornare, vivere qui magari.

A diciott'anni la vita è rosa, come la mia giacca preferita. Rosa, non rossa come l'angioma, né nera come il buio di quest'anestesia. Vago in una terra dai confini labili, incerti, dove tutto può succedere e niente è scontato. Mentre fluttuo leggero, il dottor Ferrante individua il *mostro*: lo affronta, lotta, alla fine lo sconfigge.

Si trascina fuori dalla sala operatoria stremato, ma soddisfatto; fiducioso riguardo al decorso post-operatorio. Ha bisogno di muoversi, di allungare i muscoli. Evita l'ascensore, imbocca le scale e raggiunge mio padre che attende da ore.

Papà ha pregato, pianto, sperato, disperato, passeggiato per il lungo corridoio chiedendosi se ha preso la decisione giusta, se non c'era una strada alternativa. Aspetta di svegliarsi da questo incubo e intanto prova a trovare la forza di affrontare tutto, anche il peggio.

«Signor Terranova, l'intervento è terminato e ho la certezza che sia andato molto bene. Aspettiamo che Stefano si risvegli del tutto per trasferirlo nel reparto di rianimazione. Saranno i colleghi anestesisti, nei giorni che verranno, a valutare se è il caso di effettuare una tracheotomia per agevolare la respirazione. Io non me la sono sentita, l'intervento è stato molto impegnativo e sono distrutto. In assenza di un'urgenza immediata ho preferito rimandare».

Poche parole, schiette, segnano il mio destino, ma né papà né il dottor Ferrante possono immaginarselo.

È il momento di allentare la tensione. Papà si accascia a terra, piange.

«Ce l'abbiamo fatta! Siamo riusciti a salvargli la vita!».

Il peso che lo opprime da quando ha deciso di portarmi a Milano si scioglie e scorre via insieme alle lacrime. Alza lo sguardo sul dottor Ferrante: ai suoi occhi è l'eroe che ha ridato la speranza alla nostra famiglia, che ha sconfitto il *mostro*. A lui penseremo quando rivedrò Notre-Dame.

Oltre la sua espressione di circostanza, al di là della ferrea disciplina di un neurochirurgo, che fa del distacco emotivo un principio di deontologia, papà scorge un sussulto, una partecipazione empatica. Ferrante sa che cedere a un'emozione può essere fatale per un paziente, ma adesso non è più in sala operatoria; ora è solo un uomo che osserva un padre che ha smosso mari e monti per salvare la vita di suo figlio.

Riemergo lentamente da un torpore profondo, buio, tuttavia rassicurante. Non provo dolore, solo un senso di diffusa pesantezza, come se qualcosa mi schiacciasse contro il materasso, impedendomi perfino di aprire gli occhi.

Ascolto tutto quello che accade intorno, percepisco diverse presenze, voci sconosciute mi incitano.

«Prova ad aprire gli occhi, sforzati!» continuano a ripetermi.

Non sono sveglio, non dormo. Resto assopito, però vigile.

All'ennesimo tentativo riesco a dischiudere leggermente le palpebre, anche se mi sarebbe piaciuto spalancarle improvvisamente come nei film horror.

Non so dove mi trovo, quanto tempo sia trascorso, cosa abbiano fatto, da dove filtri questa flebile luce, ma sono ancora qua, tutto intero. So chi sono e perché mi trovo in questa condizione. Ricordo perfettamente il *mostro* che mi ha azzannato il cervello e se sto pensando vuol dire che quel gran genio del dottor Ferrante ha vinto la battaglia.

Ho sonno. Vorrei lasciarmi cullare, ma continuano a chiamarmi, dicono di non riaddormentarmi. Realizzo di essere su una barella. Dove mi portano?

Apro finalmente gli occhi. Stiamo attraversando un corridoio lunghissimo, poi una porta si spalanca e la barella rallenta.

«Ciao Stefano».

Papà mi guarda come se fossi appena uscito dalla sala parto. Una rinascita, quando tutto sembrava perduto. Vorrei urlagli che mi dispiace per la sofferenza che gli ho causato, che sono disperato per avergli sconvolto la vita, per averlo costretto a restare da solo nel corridoio di questo ospedale, divorato dall'ansia. Ma non riesco a parlare.

Lo guardo e gli schiaccio un occhio. Il suo volto si illumina, la fronte si distende: mi ha riconosciuto. Ce la faremo papà! Il peggio è passato, il miracolo è avvenuto, abbiamo sconfitto il *mostro* e io ci sono ancora, con i miei sogni, con la mia follia, con i miei pregi e i miei difetti, con la mia voglia di correre, di urlare, di saltare, di vivere, di abbracciarti, di ringraziarti per avermi rimesso al mondo. Rilassati, Superman! Abbiamo vinto!

La barella riprende a muoversi. Chiudo nuovamente gli occhi.

Rossana mi guarda con aria di sfida. Oggi non aveva molta voglia di uscire, l'ho convinta promettendole un pomeriggio diverso dagli altri.

«Vuoi fare un bel gioco?» le chiedo a bruciapelo.

«Dipende da cosa si vince!» risponde fintamente disinteressata. Ho colpito nel segno, sono riuscito a stuzzicare la sua fantasia, ma che si scervelli ancora.

«Allora ti consiglio di giocare. Il premio è stupendo!».

«Ci sto! Come funziona?». Mi sorride con l'aria di chi ha afferrato al volo, in realtà non ne ha la più pallida idea.

«Sali in macchina. Chiudi gli occhi e non riaprirli fino a quando non te lo dico io». Calco la mano, ormai è sfida aperta. Non lo ammetterebbe mai ma le piace questa situazione, perché Rossana è come le caramelle che portano il suo nome: dura fuori, dolce e morbida dentro.

«Tu sei pazzo!». Ha un sorriso bellissimo, i suoi occhi si illuminano. L'adoro.

«Non barare però. Non aprire gli occhi! Giuralo!».

«Lo giuro!».

«Su cosa?».

«Smettila! Io mi sto fidando di te, dovresti fare lo stesso. Allora, come si comincia?».

«Si comincia che chiudi gli occhi e sali in macchina. Nulla di diverso da quello che avevamo concordato. Non è poi così difficile, pensi di farcela?».

Mi lancia uno sguardo di fuoco, ma non indietreggia di un millimetro.

«Possiamo parlare almeno?» chiede sarcastica.

Guido lentamente, faccio attenzione alla strada.

«Non è che ti addormenti?» le sussurro accarezzandole la mano.

«Sarebbe un reato?» risponde lei divertita. «Ste, non è che mi stai rapendo?».

Ride a crepapelle. Con la mano destra cerca a tentoni il finestrino, con la sinistra la mia presenza. La guardo divertito, orgoglioso, innamorato.

La ripida discesa è lì ad attenderci. Parcheggio, poi scendo e le apro lo sportello. Le ricordo che il gioco non si è ancora concluso, che deve continuare a tenere gli occhi chiusi. L'abbraccio e la guido. Qualche passo e ci siamo: «Apri gli occhi!».

Resta pietrificata. Un'immensa distesa di azzurro si staglia di fronte ai nostri occhi. In lontananza sette perle di ineguagliabile bellezza, poggiate sull'acqua da un Dio generoso, proteggono il nostro orizzonte.

Restiamo abbracciati e commossi per un tempo indefinito. Sazi di un'esperienza unica.

Sento ancora il profumo di Rossana, quando una voce mi sveglia, mi chiede di aprire gli occhi, stringere la mano sinistra, fare cenni col capo. Eseguo ma sono rallentato, pesante, schiacciato. Suppongo che stiano continuando a sedarmi.

Chiudo gli occhi e riprendo a dormire.

5.

Qui il tempo non conta. O meglio, ha un valore differente, è scandito da ritmi e priorità diverse: dai controlli, dal suono dei macchinari, dalle espressioni dei medici.

Comunque, sono piacevolmente sorpreso. Per essere uno a cui hanno perforato il cranio mi sento abbastanza bene. La totale assenza di dolore mi infonde serenità e fiducia: presto andrò via da qui. Riesco a riposare, percepisco tutto quello che mi accade intorno, ricordo ogni istante della mia vita. La parte destra del corpo è ancora profondamente addormentata ma non mi preoccupo. D'altronde, ero stato avvisato di questa eventualità, ma mi hanno assicurato che il tempo, la pazienza e la determinazione consentiranno di riappropriarmi di un buon grado di motricità.

Di ostinazione ne ho da vendere: se ci sarà da lavorare mi impegnerò, se ci sarà da soffrire patirò, io però non mollo, non rinuncio a me stesso. Marika dice che sono fissato perché quando mi metto in testa una cosa non la lascio andare, perseguo l'obiettivo fino alla fine, anche a costo di diventare noioso e rompiscatole. Questa cocciutaggine sarà la mia fortuna. Sto tornando, lentamente, ma sto tornando.

Diario clinico, 6 maggio 2013:

Ore 00.45. Dopo 2 ore e mezza dalla sospensione del propofol, stringe la mano a sx prontamente, apre gli occhi, pupille in asse, fa cenni col capo. Molto rallentato da probabile pneumoencefalo.

Ore 7.23. Bene nella notte, stringe la mano a sx, apre gli occhi, bulbi in asse, pupille isocoriche e isocicliche. Fa cenni col capo. Non più rallentato. Si decide di non somministrare dopa dato la clinica in miglioramento progressivo. Programma: controllo clinico, TAC, tracheotomia precoce (già informati i parenti, consenso da firmare).

Ore 11.23 Sveglio, cosciente, collaborante, tranquillo. Esegue ordini a sx, plegico all'arto superiore dx, paresi grave dell'inferiore. Deglutizione presente. Tosse spontanea assente. Normoteso stabile. Diuresi normale. Apiretico. Richiesti

*MRI con mdc, TAC volumetrica, RX torace.
(...) Con il dott. Ferrante e il dott. Calenda si
conviene di rinviare a domani la definitiva valutazione in merito alla necessità di tracheotomia.
(...) Non lamenta dolore. RMN encefalo: non si
evidenziano altri angiomi cavernosi. RX torace
(...) sondino naso gastrico in duodeno.*

Pietro si avvicina timoroso al mio letto, è quasi a disagio, terrorizzato di vedermi in queste condizioni. Forse teme che non lo riconosca, che non sia più la stessa persona, che il *mostro* mi abbia privato dei ricordi, della memoria, dei sentimenti.

«Ciao Stefano, come stai? Sono appena arrivato! Presto ci raggiungerà anche mamma. Sai che oggi è il 7 maggio?». Vomita le parole tutte d'un fiato per evitare pause imbarazzanti o forse per paura di non ricevere le risposte desiderate.

«Riprenditi che il 10 giugno è vicino, sai cosa dobbiamo fare, vero?».

Adesso non ho dubbi: mio fratello vuole sapere se sono ancora io. Sono quasi tentato di giocargli un brutto tiro fingendomi un vegetale, ma poi dovrebbero ricoverare anche lui. A dispetto di quello che dice, so essere magnanimo.

Gli faccio un cenno col capo e riesco a dire:

«iOS». Un appuntamento a cui non posso mancare: ci collegheremo in piena notte per sentire dalla viva voce dei manager della Apple le novità sul nuovo sistema operativo. Per giorni non parleremo d'altro, in attesa di toccare con mano.

Pietro è visibilmente sollevato, gli chiedono di lasciare la camera perché l'orario delle visite è terminato.

«Pensavo fossi messo peggio!» dice facendomi l'occhiolino. Sorride, finalmente. «A domani, Ste!».

Diario clinico, 7 maggio 2013:

Lucido, orientato e collaborante; emiplegia dx, pupille regolari, tracheotomia? (consenso ok).

Ore 10.22. Visita fisiatrica: paziente vigile, (…) apparentemente con buone capacità di comprensione del linguaggio, risponde a tono con il movimento delle sopracciglia/ammiccamento e cenni del capo. Presente emiplegia dx ad evoluzione spastica con buone capacità di spinta prossimale, accenno a movimento di flessione della coscia e del ginocchio (…) accenna a motilità del gomito, nulla alla mano. Collabora alla visita: partire subito con KT durante la degenza per

mobilizzazione. (…) Verosimilmente da trasferi-
re in degenza riabilitativa successivamente allo
svezzamento dalle macchine.

Ore 11.25. Ventilazione assistita, rumori umi-
di diffusi, secrezioni dense, abbondanti. Valori
pressori tendenzialmente alti, tosse presente su
stimolo, deglutizione deficitaria, scialorrea.

Ore 14.24. (…) ben saturato, ben adattato, se-
crezioni giallastre, tosse presente solo su stimolo
carenale, scialorrea, non febbre.

Vedo arrivare papà e Pietro: mi riempiono gli occhi, il cuore trabocca di gioia. L'orario di visita mi serve a sopportare con minore impazienza il lento incedere del tempo. I giorni passano e sono stanco di stare qui immobile, in compagnia di macchinari, medici e gente messa peggio di me, con le narici impregnate di questo odore nauseabondo.

Mi chiedo quanto stia costando tutto questo: il noleggio dell'aereo attrezzato, lo staff di medici che mi ha accompagnato, la permanenza a Milano di papà, di Pietro, di tutti quelli che verranno a trovarmi. Quando mio padre entra nella stanza glielo chiedo a bruciapelo. Lui e Pietro si guardano, capisco che mio fratello è al corrente di tutto, ma aspetta che sia l'altro a rispondere. Papà resta attonito, non si aspettava una domanda simile.

«Potrei dirti che ha pagato tutto la Regione Sicilia, ma mentirei e tu lo capiresti. Quindi non preoccuparti, abbiamo fatto ciò che era necessario e il risultato mi sembra ottimo!».

Papà si volta dall'altra parte, vinto dall'emozione, sopraffatto dal ricordo di quelle ore convulse e disperate. Ma non è tutto, ha altro da dirmi e deve farlo adesso.

«Stefano, i medici hanno deciso di eseguire la tracheotomia. Hanno aspettato qualche giorno ma adesso ritengono che tu abbia bisogno di essere ventilato diversamente».

Mi spiega senza mezzi termini che a stretto giro mi bucheranno la trachea. Apprezzo la sincerità, ho sempre considerato un valore aggiunto del nostro rapporto la sua capacità di essere sempre diretto: per entrambi una brutta verità è preferibile a una bella bugia.

Devo sottopormi a una tracheotomia? E che sarà mai? Non è certo questa la prova più difficile. Mi hanno perforato il cranio, non mi formalizzerò per la gola. Rivolgo a papà un cenno di assenso.

«Ciao, a dopo!» riesco a sussurrare con fatica.

Saluto, per l'ultima volta. D'ora in poi non potrò più parlare.

Diario clinico, 8 maggio 2013:

Ore 14.00. Tracheotomia secondo Fantoni. Non complicanze. Cannula a 3 cm dalla carena.

Ore 15.43. Controllo RX torace ok. Tranquillo non novità (…) in ventilazione assistita. Sedato con ultiva. Eupnoico ben saturato. Diuresi attiva da catetere. Neurologicamente invariato.

Ore 21.48. Esegue ordine con l'emisoma sinistro, nessun movimento a dx neanche su stimolo algico. RX torace: tracheotomia e tubo tracheale con estremità al di sopra della biforcazione. Addensamento a margini sfumati alla base dx. Esame colturale: Bronco aspirato negativo.

«Sarà il nostro ultimo carnevale da liceali, dobbiamo organizzare qualcosa!».

Guardo negli occhi i miei compagni che mi osservano scettici, apatici, senza iniziativa. Mi ascoltano, ma so già che vorrebbero fare altro.

«Coraggio! Perché tutto questo silenzio? Ci sono proposte? Servirebbe qualcosa di attinente alla nostra condizione di maturandi, ma che abbia anche un che di comico».

Mi frullano mille idee in testa, stento a metterle in ordine.

«Ste, ma quale carnevale! Io non faccio che pensare agli esami. Mi sento a mare, ho l'ansia!» sbotta Antonio tirando una pallina di carta nel cestino.

«Genio! Amico, sei un genio!». Corro ad abbracciarlo, gli assesto vigorose pacche sulla spalla, gli scompiglio i capelli, lo scuoto, vorrei caricarmelo in spalla, fargli fare il giro dell'istituto. «Un genio, ecco cosa sei!».

Antonio mi guarda sconvolto, sebbene sia abituato ai miei improvvisi accessi di entusiasmo. È sempre una grande soddisfazione sorprenderlo.

«Ringraziate Antonio, ragazzi. La nostra classe parteciperà al carnevale d'istituto con il tema *"Semu a mari"*. *Dress code*? Tipicamente estivo: teli da spiaggia, costumi, occhiali da sole, pinne, maschere da sub, salvagenti, braccioli e materassini».

«Ma la festa si svolgerà in cortile!» obiettano quasi in coro le ragazze.

«Non siete pronte per la prova costume! È questa la verità!» le punzecchio. Facciano come credono. Io ho già deciso quale sarà il mio look.

Il giorno della festa i vari gruppi sono radunati in cortile. Le mie compagne hanno insistito per indossare i costumi sopra i vestiti di sempre. Io non ci penso proprio. Lascio che i compagni vadano avanti, mi cambio nell'aula deserta e sono pronto per il mio ingresso plateale: costume, petto nudo, occhiali da sole, infradito e telo da mare in spalla, nonostante un freddo che sgretola le ossa.

Vengo accolto da un boato! Sono il re della spiaggia! Cammino con andatura tronfia e soddisfatta, è un tripudio di complimenti per la scelta e per il coraggio!

Diario clinico, 9 maggio 2013:

Ore 6.12. (...) secrezioni abbondanti dense e giallastre, striata di sangue. Abbondante scialorrea. Prosegue sedazione con ultiva, neurologicamente invariato. Tendenzialmente iperteso, poliurico (...) nei limiti della norma i restanti parametri (...) eseguito trattamento riabilitativo: mobilizzazione passiva e attiva assistita quattro arti (...).

Ore 11.57. Temperatura 37° (...) chiamare per esami colturali inviati oggi (...).

Ore 12.06. Secrezioni fluide bianche striate di sangue (...).

Ore 16.12. broncolavaggio, si pone in c-pap.

Ho ancora nelle orecchie le risate dei miei compagni ma diventano sempre più lontane e flebili, finché non sono sovrastate dal *bip* insistente dei macchinari.

Un altro giorno è trascorso. E io sono ancora qui.

La tracheotomia sembra essere andata bene, adesso respiro meglio. Cerco di non pensare al tubo in gola, ma qui c'è poco per distrarsi. Mi manca il sole, sapere se è giorno o notte, se piove o tira vento; mi manca il contatto diretto col mondo, con la mia vita di prima, con i miei amici. Mi manca perfino la scuola.

Attendo con ansia l'arrivo di papà. Mi dice subito che deve rientrare a casa per un paio di giorni. «È tutto sotto controllo» mi rassicura. «Devo sistemare alcune cose. Dopodomani sarò nuovamente qui. Ti affido a Pietro».

Andrà pure tutto bene, ma io ho l'impressione di stare peggio rispetto ai giorni immediatamente successivi all'intervento alla testa. Ho la febbre, faccio fatica a respirare, mi aspirano continuamente muchi e secrezioni. Mi chiedo da dove vengano. Vorrei domandarlo, ma non riesco a farmi comprendere. Troppo complicato. Decido di lasciar perdere. Sono in un centro d'eccellenza, mi fido.

Il malessere fisico, poi, è accompagnato da una crescente insofferenza verso questo reparto, questi macchinari, questo silenzio, questa solitudine, questa immobilità. Vorrei spaccare tutto, mandare in frantumi monitor e barelle. Da quando sono entrato, continuano a ripetermi che presto uscirò, che inizierò il percorso riabilitativo in un centro specializzato, ma questa fase sembra non arrivare. Non ho più pazienza, voglio andar via da questo luogo, che assume sempre più le sembianze di un'anticamera della morte.

Diario clinico, 10 maggio 2013:

(...) RX torace 8/5 addensamento sfumato base destra. Ripetuto RX torace oggi. Non evidenti addensamenti. Apiretico in finestra antibiotica. Telefonato microbiologia per esami colturali del 9/5/2013: urine neg; broncoflora mista orofaringea ancora in corso (...).

Ore 16.25. Presenta crisi caratterizzata da sudorazione profusa, tachicardia, iperventilazione, ipermotilità a sx ma stato di coscienza conservato e piena capacità di essere contattato. Tra le crisi stato di sonnolenza con apnea. Inizia cerotto contro ipertensione.

Ore 16. 59. Si ostruisce la cannula. Controllo broncoscopio: estremità della cannula tracheotomia intascata parzialmente nella pars membranacea. Si disancora e la si fa procedere di 1 cm circa sovrastante circa 3 cm la carena.

Ore 23.20. Paziente abbastanza tranquillo dopo che è stato somministrato seroquel. (...) Muove i quattro arti senza deficit di forza.

Non so che ore sono, se dormo o sono sveglio, se la voce di Pietro è vera o sto sognando. Stento ad aprire gli occhi, a concentrarmi su qualcosa, mi sento imbalsamato e pesante, incapace di tutto, anche di pensare. Non devo avere un aspetto molto rassicurante, altrimenti Pietro non chiederebbe spiegazioni al responsabile del reparto, che non sembra gradire le domande di mio fratello.

«Mi segua fuori!» gli intima gelidamente.

Riesco ad aprire gli occhi per qualche istante. Non capisco cosa stia accadendo, ma devo restare sveglio e sentire quello che si diranno a pochi passi dal mio letto.

Il volto di Pietro è teso, freme di rabbia. Chiede al dottor Palazzi il motivo per cui sono sedato così pesantemente. Ecco perché mi sento così! Mi hanno dopato alla grande!

Il medico lo guarda con superbia: «Scusi, signor Terranova, sbaglio o voi venite dalla Sicilia?».

Pietro annuisce non capendo dove voglia andare a parare. Sarà per l'effetto dei farmaci, ma anch'io faccio fatica ad afferrare il senso.

«E come mai, con ben tre cliniche universitarie presenti nella vostra regione, suo padre ha contattato proprio il nostro istituto? Forse perché riteneva che questo fosse un centro di eccellenza, o mi sbaglio?».

Va bene, questo è il momento di sferrargli un pugno. Pietro, prendi bene la mira e spaccagli il naso. Se lo merita.

Pietro, invece, si limita a serrare le mascelle, prima di rispondere: «Tutta la mia famiglia è riconoscente per quello che è stato fatto qui a Milano per salvare la vita di mio fratello. Siamo grati, in particolare, al dottor Ferrante, artefice di un vero e proprio capolavoro di neurochirurgia. È stata la fama della sua competenza a portarci fin qui. Adesso, però, non ci troviamo nel reparto di neurochirurgia, ma in quello di rianimazione e se trovo mio fratello pesantemente sedato, giusto il giorno dopo che mio padre è andato via, mi sorge il dubbio che sia intervenuto qualcosa di nuovo rispetto a ieri. Credo sia un mio diritto domandare e un suo dovere rispondermi in maniera adeguata».

Bravo Pietro! Sono orgoglioso di te! Rispondi per le rime a questo pallone gonfiato!

Dalla risposta di Palazzi apprendo che hanno provveduto a «disancorare la cannula della tracheotomia che si era intascata parzialmente nella *pars* membranacea della trachea». Ma che cazzo significa? Non basta che abbia la gola perforata, adesso si permettono pure di sbagliare, intascare, giocare! Ancorano e disancorano la cannula dalla mia trachea come se si trattasse di una variante del gioco di battaglia navale!

La sedazione, continua il dottore, si è resa necessaria a causa della mia crescente agitazione. E come faccio a stare calmo, quando avrei mille cose da urlare ma non riesco nemmeno a esprimermi con il labiale per colpa dei sedativi?

E poi, dottor Palazzi, era così difficile rispondere? Che bisogno c'era di quella spocchia? Ci vuole poi così tanto a capire che i familiari di un paziente operato al cervello vivano in uno stato di costante terrore, impallidiscano per il suono prolungato di un monitor, chiedano spiegazioni

se trovano il loro caro in uno stato di semi-inco-
scienza?

Io sto sempre peggio. I tempi di permanenza
in questa merda di reparto sembrano allungarsi
a dismisura.

6.

«Siamo già in ritardo per l'albero».

Antonio mi guarda nauseato e annoiato, sa già che cosa lo aspetta.

«Devi farti curare da un bravo medico, Ste! Questa fissazione di anticipare il Natale è patologica, oltre che insopportabile».

«Sei proprio ignorante! Negli Stati Uniti iniziano già a ottobre: sono tutti matti o fissati? No! Semplicemente, amano l'atmosfera natalizia. Ma tu non puoi capire, sei un'anima grezza. Ciò non toglie, però, che anche quest'anno mi farai compagnia».

Antonio scuote il capo, ha capito che lo terrò incollato al telefono per tutto il pomeriggio. Dopotutto non gli sto mica chiedendo di faticare per me. Deve soltanto aiutarmi a scegliere il colore degli addobbi e sorbirsi le mie considerazioni sull'intermittenza delle luci. Sbufferà, minaccerà di riattaccare, ma io continuerò imperterrito.

«E non provare a tacere! Sai bene che sarei capace di telefonare a tutto il paese. A dopo, anima grezza!» gli dico incamminandomi verso casa.

Avrò avuto all'incirca tre anni quando ho deciso che l'albero di Natale sarebbe stato il mio totem della felicità. Ricordo ancora la sorpresa di quel bagliore in soggiorno, il desiderio di toccare gli addobbi, il sorriso di mia madre che mi invita ad avvicinarmi, che mi avverte di maneggiarli con cura.
L'albero – lo "spennacchiato", come lo chiama Ylenia – è rimasto lo stesso di allora.

Mi sembra di aver dormito per un tempo lunghissimo. Nessun bagliore caldo e allegro, intorno a me il solito ambiente freddo e asettico, corpi immobili tenuti in vita da macchine futuristiche.

Faccio vagare lo sguardo alla ricerca di qualcosa su cui concentrarmi. Osservo il monitor del mio vicino di letto, punto lo sguardo sulla linea verde fino a sentire gli occhi bruciare. Li chiudo e iniziano a lacrimare.

Un orologio campeggia beffardo sul muro di fronte a me. Se potessi, lo frantumerei con la forza del pensiero.

Continuo ad agitarmi. Mi auguro solo che questa giornata passi in fretta, che i medici abbiano fatto un buon lavoro, che la cannula sia finalmente posizionata in maniera corretta e non ci sia più bisogno di aggiustamenti e disancoraggi, ma ho la sgradevole sensazione che qualcosa non stia andando per il verso giusto.

Mi dico che non va bene, provo a essere ottimista, cerco un motivo per poter sperare ancora. Mi concentro sul mio corpo, cercando di carpire ogni minimo segnale di miglioramento.

Ma l'impegno non basta a cambiare il quadro clinico. I medici parlano di «secrezioni striate di sangue», mi sottopongono a dei lavaggi nasali, spulciano le mie cartelle cliniche in cerca di chissà che cosa. Avrebbero già dovuto trasferirmi in un altro reparto, mi avevano assicurato che la degenza in rianimazione sarebbe stata breve, giusto il tempo di stabilizzare le mie condizioni. Invece, mi sottopongono a nuovi esami diagnostici: a livello neurologico vado benone, il problema, adesso, sembrano essere i polmoni. Tutto fa pensare a un'infezione, ma loro non si pronunciano.

Mi sembra di impazzire.

Diario clinico, 11 maggio 2013:

Ore 6.20. Paziente sveglio, cosciente, collaborante a tratti agitato, (...) secrezioni bronchiali striate di sangue, abbondanti, fluide, scialorrea, secrezioni nasali e retro-faringe maleodoranti.

Ore 12.02. Ha eseguito TAC encefalo vista dal neuroma non complicanze in atto. Ha eseguito TAC torace. No atelectasie, non focolai, discreto addensamento posteriore dx. Esame colturale: broncoaspirato sviluppo di flora batterica mista di tipo orofaringeo. Cocchi gram positivi.

Quando vedo entrare mamma, inizio a battere con forza il braccio sinistro sul materasso. Vorrei abbracciarla, rassicurarla, dirle che ho saputo che ha vinto la paura dell'aereo per venirmi a trovare, che d'ora in poi le distanze non saranno più un ostacolo, viaggeremo senza sosta, andremo ovunque.

Ha gli occhi lucidi, vedermi seminudo in questo lettino deve essere straziante, così provo a tirarla su esibendomi nel repertorio di abilità motorie.

Mi basta la sua presenza a cancellare la devastazione psicologica degli ultimi giorni. Mi accudisce come quando ero bambino, si prende cura di me rispettando la mia riservatezza.

Avrei mille domande, ma non ho bisogno di chiedere. Lei anticipa le mie curiosità, racconta di luoghi e persone, di tutti quelli che mi salutano, di quanto affetto circondi la nostra famiglia, della desolazione di una casa sempre in ordine e silenziosa. Casa nostra è sempre stata un porto di mare. Se mi va di chiamare un amico per una spaghettata notturna non mi faccio certo intimorire dall'orario. Mamma non fa una piega, anche alle tre del mattino. Sente tutto, ma resta a letto, rassegnata e felice.

Mentre parla, mi aiuta a fare qualche esercizio, mi rincuora, cerca di non mostrarsi triste o scoraggiata, mi incita a essere positivo. Io giuro che mi sforzo, ma è difficile, maledettamente difficile.

Diario clinico, 13 maggio 2013:

Non si esegue trattamento riabilitativo in data odierna perché il paziente è sedato.

Ore 11.36. In mattinata, durante nursing, episodio di desaturazione con disadattamento e ventilazione manuale difficoltosa. All'auscultazione del torace MV ridotto all'emitorace sinistro, con ronchi e rantoli diffusi. Provvedimenti: broncolavaggio con fisiologica: si aspirano abbondanti secrezioni biancastre. Broncoscopia: pervietà della trachea del carrefour e dei bronchi princi-

pali con secrezioni fluide prevalenti a sinistra.
RX torace: la radiologa che ha visionato l'esame
propende per versamento apicale e suggerisce
completamento diagnostico con TAC torace.

Ore 19.49. Versamento pleurico di lieve entità
a sinistra e di media entità a destra. Polmoni-
te bilaterale più adenopatie mediastiniche e ilari
bilaterali, variante anatomica tronco brachicefa-
lico a destra.

Papà è incredulo quando i medici gli comunicano che il peggioramento delle mie condizioni è dovuto a un'infezione polmonare. I suoi dubbi sono anche i miei. Osservo la discussione, sono diventato abilissimo nel leggere il labiale. Vorrei alzarmi da questa trappola di letto, saltare addosso a questi camici bianchi per dirgli che mi sono rotto le palle dei silenzi, delle spallucce e delle attese infinite. Ho diciotto anni, lo capiscono o no che ho diciotto anni e che ho solo voglia di correre, fuggire, andare lontano? Lontano, via da questa merda di reparto, dove si respira sempre aria di morte.

«Un'infezione nosocomiale è altamente probabile in pazienti operati d'urgenza» dicono. Un banale incidente di percorso. Non si espongono, biascicano parole, serrano mandibole. Solo una dottoressa si ferma a dare qualche informazione aggiuntiva: «Abbiamo rilevato una conformazione inusuale dell'arteria anonima, ma non è un elemento importante ai fini dell'attuale stato di salute di Stefano». E cosa sarà adesso questa "conformazione inusuale dell'arteria"? Da dove sbuca fuori? Ogni giorno un nuovo impedimento, un nuovo ostacolo.

Sento caldo, poi freddo, di nuovo caldo, sudo. No, non è la rabbia. È la febbre.

Mi perdo tra sogno e realtà, tra immagini nitide e altre sfocate, appena percepibili. Sono pervaso da una sorta di smania che non riesco nemmeno ad esternare. Vorrei muovermi, strofinare le gambe sul lenzuolo, cambiare posizione, sollevare il capo; ma non posso farlo. Sono come uno scarabeo che ha la sventura di ritrovarsi sul dorso e agita confusamente le zampine per chiedere un aiuto, che nessuno gli darà. E morirà così, con la pancia in aria.

Diario clinico, 15 maggio 2013:

TC 37.9 nella notte eseguite emoculture per iperpiressia.

Ore 6.31. Febbrile (37.8°) nella notte puntata a 38°, si esegue esplorazione ecografica alla ricerca dello sliding pleurico presente alla linea parasternale emiclaveare, ascellare anteriore, bilateralmente.

Ore 11.15. MV ridotto alle basi e posteriormente alla base e campo medio destro, in ecografia si reperta un versamento di 2,3 cm esteso per circa 15 cm. Si decide di eseguire toracentesi evacuativa e si aspirano 80 ml di liquido serioso giallastro maleodorante. Si invia liquido pleurico per coltura ed esame chimico-fisico (…) sostituita cannula tracheale Fantoni D. 18.5 con cannula tipo Rusch finestrata Di 10 (…) si inizia terapia con vancomicina 2 gr.RX torace: stria lineare da raccolta aerea extrapleurica a destra non presente nel precedente controllo. Invariata la posizione del tubo tracheale.

Cerco di tenere il conto dei giorni, di non perdere il contatto con la realtà. Il tempo ha assunto un valore indefinito e indefinibile, il suo scorrere lento è scandito solo dai volti dei medici, dal rumore dei macchinari che allevia questo silenzio irreale. In mezzo, io, immobile accanto ad altri corpi immobili. Addormentati, intubati, nudi, senza dignità, molti senza futuro. Pezzi di carne devastati da *mostri* vigliacchi, che la mano esperta di un neurochirurgo ha tentato di sconfiggere.

Torneremo esseri umani? Ci verrà restituita la dignità? Tornerò a camminare?

Guardo le mie gambe come per chiedere, mi rispondono con un sorriso timido e speranzoso.

Tornerò a parlare? Farsi comprendere con il labiale non è semplice, dopo un po' mi stanco, divento nervoso, irascibile, mando tutti a quel paese.

Mi fanno prelievi di sangue e raggi al torace in continuazione.

La febbre non mi dà tregua. Ho i polmoni devastati, dolenti e purulenti. Continuo a fare passi indietro, sprofondo in un baratro improvviso, imprevisto, dove le domande restano prive di risposte e si moltiplicano.

Mi faccio schifo, sono ridotto allo stato di una larva umana. È come se non fossi più io, come se in pochi giorni un enorme buco nero avesse improvvisamente risucchiato la mia anima e il mio corpo.

Osservo le mie gambe, le mie braccia: dei muscoli non c'è più traccia, tutto sparito, disciolto da un incantesimo, cui non so resistere. Bella fregatura per uno che conosce alla perfezione la saga di Harry Potter.

Pietro entra nella stanza con un sorriso misterioso stampato sul volto. Tira fuori dalla tasca un iPod shuffle: è il regalo giusto al momento giusto. Vorrei abbracciarlo, togliergli gli occhiali e farlo impazzire. Prima di uscire, butta l'occhio sulla sacca del drenaggio pleurico e si fa scuro in volto. Non dice nulla ed esce.

Lo osservo al di là del vetro, dice a papà che c'è del sangue all'interno della cannula.

Diario clinico, 16 maggio 2013:

Ore 00.05. A tratti tranquillo. A tratti agitato, ventilazione assistita, febbrile (38.2°), iperglicemico. Neurologicamente stabile, glicemia sotto controllo con insulina.

Ore 16.43. Esito della consulenza chirurgico toracica. TAC ha evidenziato presenza di versamento pleurico saccato destro, cotenna pleurica. Previo repere ecografico e puntura esplorativa si posiziona drenaggio pleurico con fuoriuscita di 800 ml di liquido siero ematico maleodorante. Bronco aspirato: cocchi gram positivi, staphilococcus aureus.

7.

Quando l'ho vista per la prima volta sono rimasto folgorato. Nera, sellino e inserti verdi, la mia bici è una compagna silenziosa, un'amica fidata con cui macinare chilometri, paesaggi, profumi, avventure, sole, vento, acqua, sudore, fatica.

In sella mi sento libero, come se avessi le ali; potrei anche fare il giro del mondo. Pedalando ho imparato che i limiti esistono per essere superati, che quando pensi di essere stremato dalla fatica, trovi sempre la forza di continuare, metro dopo metro, chilometro dopo chilometro.

Oggi vado a trovare Antonio a Raccuja: gli faccio una sorpresa e gli rompo un po' le scatole.

La strada la conosco bene, mi piace. Si inerpica sulle colline e mette alla prova la mia resistenza. Il paesaggio è ricco e vario.

Il vento mi accarezza il volto, mi scompiglia il ciuffo, la musica nelle auricolari mi aiuta a spingermi oltre. Pedalo, canto, penso, ogni tanto mi fermo e fotografo. Godo del silenzio, del fruscio misterioso del vento tra gli alberi che oscillano sinuosi.

«Chi è?» tuona la mamma di Antonio dal citofono.

«Sono Stefano, signora. Se Antonio è in casa salgo un attimo». Pochi secondi e mi ritrovo di fronte la faccia stranita del mio amico.

«Ste, ma come hai fatto ad arrivare fin qui?» chiede incredulo. Una pacca sulla spalla e mi incammino verso la sua stanza. Mi segue continuando a ripetere quanto sia pazzo.

«Cosa mi offri?» chiedo mentre mi lascio cadere di peso sul suo letto.

Quando riapro gli occhi sono sul solito lettino, nel solito reparto. Il mio corpo è svogliato, capriccioso, ipotonico, sconfitto.

È innaturale, l'immobilità. Un giardino di fiori d'acciaio, in cui non c'è spazio per i profumi, i sapori, la morbidezza, la flessibilità, l'iniziativa, la fuga.

È bastarda, l'immobilità. Mi ha colpito alle spalle, senza che potessi difendermi.

Ho lottato come un leone per non darla vinta al *mostro* che mi stava rosicchiando il cervello; ho pensato di averlo sconfitto, di essere più forte delle congiunture negative, del destino, della malattia. Ci ho creduto e vorrei crederci ancora. Il coraggio non mi manca, ma come faccio a riprendermi la mia vita, il mio corpo, il mio futuro, se resto inchiodato a questo maledetto lettino?

Penso alla mediocrità codarda di chi resta immobile per paura di muoversi, di chi vuole tutto, ma nulla fa per guadagnarselo, di chi non è disposto a lottare, sudare, sputare sangue per ottenere ciò che vuole… e spreca la sua vita. Ne conosco di persone così: parlano ma non agiscono; desiderano, ma non si adoperano; sognano, ma non concretizzano.

È vero, sono un rompipalle di dimensioni colossali; con queste mie fissazioni metto a dura prova la pazienza delle persone che mi sono più care. Le mie amiche, però, ci mettono del loro. Hanno la capacità di scegliere sempre fidanzati mediocri, tronfi e sicuri di sé, palloni gonfiati, che alla prima puntura di spillo volano via con una pernacchia. Ci metto cinque minuti a riconoscere gli "ominicchi" dediti a passatempi inutili e pericolosi, all'alcol, alla velocità folle, al fumo. Gente che rischia di rovinarsi l'esistenza trascinando con sé chi gli sta intorno. È per questa ragione che metto in guardia le mie amiche.

Non è gelosia la mia, o meglio, non è *solo* gelosia. È senso di protezione, desiderio di vederle felici. Le stresso, le inondo di commenti, sensazioni, consigli. A volte esagero e oltrepasso la sottile linea che separa l'affetto dall'invadenza. No, non è fatta per me l'immobilità.

Non è facile sopportare le mie sfuriate, i continui borbottii, le battute sarcastiche. Però io non dormo la notte se le so nei guai o in situazioni quantomeno ambigue. Intuisco già che soffriranno, che dovrò consolarle e mordermi le labbra per non dire che le avevo avvisate.

Ma in fondo, Ylenia e Marika sanno che possono mandarmi mille volte a quel paese e che duemila volte le abbraccerei forte, dopo averle insultate, ovviamente. Le abbraccerei anche adesso, se potessi.

Pietro e papà mi sorridono da dietro il vetro. Con quei camici, le cuffie e i guanti sembrano usciti da un film di fantascienza.

«Hai ascoltato un po' di musica?», mi chiede Pietro entrando in stanza.

«Ascolti musica di merda. Prendi il mio telefono e scarica musica decente!». Per assicurarmi che abbia capito il mio labiale gli schiaccio l'occhio e gli mostro il dito medio.

In altre situazioni mi manderebbe a quel paese, ma adesso si limita a ribattere: «Sarà bella la musica che ascolti tu!». Finge indifferenza, tuttavia è incazzato nero. E io gongolo.

Papà, invece, mi osserva. Da giorni non mi chiede più come mi senta, gli basta guardarmi per capire che sono prostrato dalla febbre. Prova a distrarmi, a raccontare del centro di riabilitazione che ha già contattato e nel quale presto mi trasferiranno.

Ma io non voglio più illudermi.

Certe volte la rabbia prende il sopravvento. Comincio a fare il matto, a sbattere il braccio sinistro sul letto. I medici mi dicono di stare calmo, ma spesso non riesco a controllarmi.

Scelgo di non sperare, di non aspettare il giorno in cui uscirò da qui, di pensare in piccolo, di non aspettarmi nulla, di dare al tempo un valore indefinito.

Diario clinico, 21 maggio 2013:

(…) drenaggio in sede previo e drenante (…) dal liquido pleurico di oggi cocchi gram + in carica elevata per cui si concorda con il chirurgo toracico di non chiudere il drenaggio toracico. (…) TAC torace: presenza di sangue nella cannula endotracheale (…) permane versamento pericardico.

Mi sento un'ameba, un gambero capace solo di andare indietro. Nessuna progressione, nessun miglioramento. I giorni trascorrono lenti, scanditi dal malessere continuo. Brucio per la febbre, che resiste a dosi massicce di antibiotici e cortisone.

Non ho voglia di fare nulla, nemmeno di ascoltare la musica. Buio.

Un giorno – che importa quale? – scorgo una sagoma dietro il vetro. La riconoscerei tra mille: è Ylenia.

Non c'è mai stato un tempo senza di lei. Ha sempre fatto parte della mia vita in maniera spontanea, come se fossimo fratelli. Guardo Ylenia e vedo me. La vista si appanna, gli occhi bruciano, il cuore galoppa, la mia voce, dovunque sia finita, vorrebbe urlare. Vorrebbe.

Non penso nemmeno per un istante a quanto sia doloroso per lei vedermi in queste condizioni. Me ne rendo conto soltanto quando si avvicina al mio letto con gli occhi pieni di lacrime, le mani tremanti, il volto cereo.

Silenzio. Uno sguardo lunghissimo. Poi tanti sorrisi. Le sue dita intrecciate alle mie. Carezze, racconti, un istante eterno, in cui desideriamo tornare bambini, tornare a casa, *insieme*.

«Ste, come la fai la cacca?». Ecco tra noi è tornata la complicità di sempre.

Sono felice. Non mi accadeva da tantissimo tempo.

Diario clinico, 23 maggio 2013:

(...) neurologicamente invariato (...) tracheotomia in ordine. Nel pomeriggio controllata la pervietà del drenaggio pleurico, effettuati lavaggi con betadine e fisiologica. Recuperata tutta l'acqua di lavaggio con abbondanti frustoli rosacei.

In queste sere d'estate il tempo si ferma, il mare cambia musica. La sua brezza profuma di promesse e speranze, accarezza il mio viso e quello di Angelo che, silenzioso, scruta un orizzonte invisibile aspettando che la canna da pesca si muova. Il suo respiro è calmo, rassicurante.

Alterniamo lunghi discorsi a pause infinite in cui ognuno insegue i suoi pensieri, li vede materializzarsi nell'oscurità, danzare sull'acqua. La pesca è solo una scusa per parlare, confidarci progetti, amori, delusioni.

«Stefano, devo confidarti che il più bel regalo ricevuto per i miei diciotto anni è stato il tuo. Ogni volta che ci penso scoppio a ridere».

Il mio amico addenta un pezzo di pizza senza distogliere lo sguardo dall'immensità del mare.

«Cazzo, che botta di freddo quella volta!» urlo contro il cielo stellato.

Angelo aveva deciso di festeggiare il suo diciottesimo in famiglia, senza baldoria né foto in posa. Una vera pugnalata per me, il re dei filmini degli auguri.

«*Patrozzo*, ma stai scherzando? Non puoi privarmi di questo piacere! Lo faccio per tutti e non posso farlo per te?». Angelo scuote il capo, è irremovibile.

Quando toccherà a me, col cavolo che non si farà baldoria. A casa nostra i compleanni sono roba seria. Comunque, la sua scelta non mi sorprende troppo, lui è una persona piuttosto schiva. E poi, ho già un piano in mente.

Gironzolo per il paese, incontro persone di ogni età, li filmo mentre fanno gli auguri al mio amico. Qui si conoscono quasi tutti.

Poi tocca a me.

A gennaio fa freddo da queste parti, specie la sera. In mutande, sul terrazzo di casa, mi faccio riprendere mentre urlo a squarciagola: «Auguri *patrozzo!*». Nello stesso istante mamma, eseguendo le mie istruzioni, mi butta addosso un secchio di acqua fredda.

La sera del compleanno suono alla sua porta e gli mostro il video. Lo stupore e la gioia che leggo nei suoi occhi valgono più di mille ringraziamenti.

«Sei pazzo, Ste».

«Sì! Lo sono». Ricambio l'abbraccio e mi autoinvito alla cena di famiglia.

Febbre, polmoni marci, semiparalisi, tubo in gola, drenaggio, antibiotici, cortisone, iperglicemia. Carne da macello, cavia, caso umano. Ormai la mia vita si può riassumere con queste poche, tristi parole.

Per giorni assisto al progressivo, inspiegabile declino delle mie condizioni. I medici dicono che è «sopraggiunto un ascesso polmonare». Procedono per ipotesi e tentativi, ma nessuno riesce a spiegarne la causa, a fornire una soluzione.

Sto quasi per arrendermi. Non ascolto più quello che mi dicono, ho smesso di scrutare il volto dei medici, non me ne frega nulla di leggere il labiale, di sapere cosa succede, di capire perché sono ancora qui, perché peggioro di giorno in giorno, perché sono arrivato con un problema alla testa e adesso ne ho uno ai polmoni. Non mi importa nemmeno di comprendere perché in un centro di eccellenza nessuno sappia aiutarmi o, quantomeno, dare spiegazioni esaustive, perché mi sottopongano a TAC, raggi, analisi, terapie che non sortiscono alcun risultato.

Sudo, mi agito, mi sedano. *Mostri* deformi mi stringono la gola con artigli acuminati, mi impediscono di respirare, di urlare, di chiedere aiuto, mi inchiodano al letto con il loro peso. Anche gli occhi sono offuscati, un buio crescente copre ogni sfumatura di colore. Non sento le gambe e nemmeno le braccia. Annaspo in un acquitrino scuro e melmoso.

8.

«Stefano, mi senti Stefano?».

La voce di papà giunge inaspettata, forse sto ancora sognando. Anche mamma mi incita ad aprire gli occhi. Hanno qualcosa da comunicarmi: mi trasferiscono in un altro ospedale per proseguire il trattamento dell'ascesso. Lascerò questo reparto.

Il lettino si muove. Quante volte ho sognato questo momento!

A un tratto, una porta si spalanca; per la prima volta dopo tanto tempo vedo la luce. Mi basta un timido raggio di sole per ritrovare fiducia, riemergere dal limbo degli ultimi giorni, tornare a combattere.

Ma è un attimo. Un pensiero insistente si fa strada nel buonumore, minaccia di farmi sprofondare in un baratro ancora più profondo: non è che stiano tentando di liberarsi di me? Di un caso difficile che non riescono a risolvere? Che stiano passando la patata bollente a un'altra struttura per non ammettere che anche in un centro di eccellenza si commettono errori ai quali, poi, non si riesce a rimediare? Spero di sbagliarmi. Provo ad allontanare i cattivi pensieri, devo farlo.

L'ambulanza parte, papà e Pietro mi seguono in auto. Chiudo gli occhi.

Diario clinico, 28 maggio 2013:

Lettera di dimissione (…) motivo del trasferimento: prosecuzione trattamento di ascesso polmonare (…) visto il persistere del focolaio flogistico medio-apicale destro, si trasferisce presso la vostra struttura per la prosecuzione delle cure del caso.

Assemblea d'istituto, il giorno in cui tutto è possibile. La scuola pullula di vita, di ragazzi che si riuniscono, si appartano, sgranocchiano, ridono, discutono. Aspetto due amici davanti all'entrata, poi ci accomodiamo nella mia classe. Oggi non hanno voglia di andare a scuola, così, da buon anfitrione, li ospiterò nella mia. La loro sarà solo una bigiata a metà.

Tiriamo fuori panini e bibite, stendiamo le gambe sui banchi, ci godiamo il relax ridendo e disquisendo sui massimi sistemi (operativi). Qui non può disturbarci nessuno: i miei compagni sono impegnati nell'assemblea. D'altronde, non è giornata per ciondolare in giro, fuori piove ed è meglio restare al riparo, tanto più che in questi casi la sfiga attende al varco lo studente che marina la scuola e al minimo passo falso lo fa imbattere nello zio/cugino di turno: viene immancabilmente riconosciuto, nonostante non si vedano da un decennio.

Improvvisamente la porta si apre. Mi limito a togliere i piedi dal banco e ingoiare in tutta fretta il boccone che ho appena addentato.

«Buongiorno prof!» faccio con nonchalance.

«E voi due chi sareste? Non mi sembra di avervi mai visto».

Potrei esibirmi in una delle mie splendide performance da "imperatore del vago". Che so, guardarmi intorno con aria stranita, fingere di non conoscerli o di essere un loro ostaggio. Invece, vuoto il sacco.

«I miei amici oggi non avevano scuola e visto che da noi c'era assemblea d'istituto mi hanno raggiunto per passare un po' di tempo insieme».

«Seguimi in Presidenza! E voi due, fuori da qui, subito!».

La giornata è rovinata, il preside mi infligge una lavata di capo e una ricerca su Castore, Polluce, Icaro e non ricordo chi altro.

La maledizione del marinante la scuola si arricchisce così di un nuovo corollario: se non ti sgama un parente di settimo grado, ci pensa un prof distratto, che è tornato in classe a recuperare gli occhiali.

Spero che la mia esperienza possa servire ai posteri.

Lettera di dimissione:

Milano, 28 maggio 2013

Egregio collega, dimettiamo in data odierna il paziente Stefano Terranova (06/11/1994), ricoverato presso la nostra struttura operativa dal 4 maggio 2013.

<u>*Motivo del ricovero*</u>*: trattamento di angioma cavernoso bulbare sanguinante.*

<u>*Motivo del trasferimento*</u>*: prosecuzione trattamento di ascesso polmonare.*

Il paziente giunge alla nostra osservazione trasferito dall'Ospedale San Raffaele di Cefalù il giorno 04/05/2013 per trattamento chirurgico di angioma cavernoso bulbare sinistro sanguinante.
All'ingresso il ragazzo si presentava con GCS 15, Ny rotatorio in tutte le direzioni dello sguardo, emiplegia destra; tosse e deglutizione ipovalidi, disartria e ipofonesi.
Pertanto, in data 05/05 si procedeva a IOT e all'intervento neurochirurgico in regime di urgenza.
Nel post-operatorio, visto il persistere della sintomatologia neurologica bulbare, in data 08/05

*veniva effettuata tracheotomia secondo Fantoni.
Controlli radiologici nella norma.*

*In data 11/05 peggioramento degli scambi respiratori, comparsa all'RX toracica di opacamento apicale destro. Veniva effettuata TC toracica che mostrava versamento pleurico bilaterale + fenomeni atelettasici disventilativi + addensamenti parenchimali di tipo flogistico con aspetto a "ground-glass". Vista la negatività degli indici infiammatori, l'assenza di febbre e il miglioramento degli scambi si decide, in accordo con il consulente chirurgo toracico, di iniziare terapia antibiotica (Tazocin) senza posizionamento di alcun drenaggio. Il giorno 15/05 nuovo peggioramento clinico con comparsa di febbre e aumento del versamento all'emitorace destro. Si effettua toracentesi evacuativa (Staphylococcus * Streptococcus) con inizio terapia antibiotica con Vancocina + Meropenem e posizionamento di drenaggio toracico a caduta 24 Ch a destra, documentazione alla TC di ascesso polmonare destro. Non più febbre, miglioramento degli scambi ma persistenza del versamento saccato in apice destro. Visto il persistere della positività del liquido pleurico per Staphylococcus MRSA, in data 23/05 viene effettuato lavaggio pleurico,* *posto in aspirazione il drenaggio e sostituita la Vancocina con Linezodin. In data 26/05 viene rimosso il drenaggio toracico in quanto non drenante da 72 ore. Visto il persistere del focolaio flogistico medio-apicale destro, si trasferisce c/o la vostra struttura per la prosecuzione delle cure del caso.*

Indagini e procedure eseguite durante il ricovero:
- *5/5 intervento chirurgico di asportazione angioma cavernoso bulbare sinistro;*
- *8/5 tracheotomia. Sostituita il 15/5;*
- *11-13-16 e 21/5 torace con mdc;*
- *6/5 RMN encefalo;*
- *6 e 11/5 TC encefalo.*

Basterebbero queste poche righe per riassumere i giorni più brutti della mia vita, giorni lunghissimi, pieni di niente. Manco soltanto io: io fermo, io immobile, io che perdo la speranza a forza di fissare il soffitto. A dire la verità, mancano anche i miei genitori, che si alternano al mio fianco nei rari momenti in cui è concesso loro di entrare; manca Pietro che tenta di tirarmi su con la musica; Ylenia che mi fa la sorpresa della vita. Infine, mancano le risposte. Se i miei polmoni erano sani e il problema era nel cervello, nonostante il lungo intervento, peraltro perfettamente riuscito, perché a distanza di venti giorni mi trovo in un altro ospedale per affrontare un problema diverso da quello iniziale? Ritorna la sensazione che i luminari si siano voluti liberare di me spedendomi sui monti, non per respirare aria buona, ma per preservare la loro inattaccabile eccellenza.

Le portiere dell'ambulanza si spalancano lasciando entrare una sferzata d'aria frizzante. Papà fa capolino per un attimo, il tempo di dirmi: «Siamo in un bel posto, Stefano. Le montagne sono ancora innevate, tutt'intorno è verde, le case sono basse, col tetto spiovente. Un paesaggio da sogno, sembra la valle incantata. Presto l'ammirerai anche tu». Mi fa un cenno d'intesa, mi dà appuntamento in stanza.

Inizia un'altra avventura: se non altro, vedrò volti nuovi e avrò compagni di immobilità diversi.

Cerco di farmi coraggio, di pensare positivo, tuttavia una sensazione di vuoto mi opprime lo stomaco. Realizzo con orrore che mi ero abituato talmente a quel reparto di merda che adesso l'incognita del cambiamento mi terrorizza. Mi sto rincoglionendo.

Il disorientamento e il timore durano il breve tempo del tragitto verso la mia nuova collocazione. Entro nella stanza con un moto di gioia: niente luci artificiali ma finestre enormi, che impegnano mezza parete. Si vedono il sole, gli abeti che solleticano il cielo. Mi sentirò meno solo. Questo posto mi piace.

Diario clinico, 28 maggio 2013:

(...) Ore 12.15. Il paziente entra in reparto. Si pone in PSV. Monitoraggio, esami di laboratorio.

Ore 13.00.Visita chirurgo toracico.

Ore 17.00. Pressione arteriosa 120/60, diuresi valida. Sensorio integro. Non riesce a deglutire liquidi (...).

«Stefano, i medici mi hanno appena detto che a breve sarai sottoposto a un intervento chirurgico, che risolverà l'infezione polmonare». Papà è fiducioso, sicuro che finalmente usciremo da questo circolo vizioso e che presto potremo raggiungere la struttura riabilitativa.

«Che mi faranno?» chiedo d'impulso.

«Puliranno i tuoi polmoni, Stefano, si chiama decorticazione polmonare. Agiranno direttamente sull'infezione che sta causando tutti questi problemi».

Dopo l'apertura del cranio e la perforazione della gola, adesso tocca al torace! Come ho fatto a ridurmi così? Nella mia testa, si affollano mille interrogativi, si intrecciano in una matassa che non riesco a sciogliere. Ma so di non avere scelta, neanche stavolta.

«Che giorno è?».

«È il 29 maggio, Stefano». Papà sorride e mi accarezza la mano.

Dunque, siamo ancora a maggio, il mese in cui tutto è iniziato. Concludiamolo così, con l'ennesimo tentativo. Magari giugno sarà diverso.

Mi aprono il torace all'altezza del sesto spazio intercostale e trovano una sacca purulenta all'apice della cupola del diaframma. La incidono, aspirano, poi passano al polmone. Lo liberano dello spesso strato fibroso che lo intrappola impedendogli di espandersi. Poi lavano, riaspirano, appongono dei drenaggi e chiudono.

Altri segni sul mio corpo. Medaglie al valore di una guerra che spero di vincere.

Diario clinico, 30 maggio 2013:

(…) Ore 3.30. Si toglie aspirazione al drenaggio, prosegue infusione di liquidi.

Ore 10.00. Ben collaborante e ben adattato, si riposiziona drenaggio in aspirazione, materiale siero ematico.

Ore 12.00. Presa visione dell'RX di controllo (…) modesta raccolta ematica pleurica. Si eseguono multipli lavaggi fino ad ottenere un soddisfacente schiarimento del liquido di lavaggio.

Ore 18.30. 350 ml siero ematico, scambi polmonari ottimi. Paziente tranquillo, ben adattato al ventilatore. Tendenzialmente ipoteso, non tachicardico, diuresi contratta, microematuria. Si stimola diuresi con Lasix.

Mi sento bene! Ce n'è voluto di tempo, ma per adesso niente febbre, battiti accelerati, sudorazione, il malessere di questi giorni è svanito.

Stavolta ci hanno azzeccato! Scelgo di credere che sia la fine dell'incubo, che le nuove cicatrici mi aiuteranno a ripartire, a vivere ogni giorno con maggiore consapevolezza, con la certezza che ogni attimo è unico e prezioso e va assaporato fino in fondo.

Imparerò a lasciare andare, a non trattenere chi non vuole restare, non mi ostinerò a grattare il fondo del barile perché, a ben pensarci, ne rimedio solo unghie rovinate e mani indolenzite. Ci vuole coraggio anche a essere felici.

Imparerò a valorizzare gli attimi. E inizio subito: mi godo i polmoni che finalmente si espandono senza fatica, la sensazione di fiducia che sento nelle viscere.

La scomparsa della febbre provoca uno strepitoso effetto domino: nuova energia vitale scorre adesso nelle mie vene, perfino la mano destra incomincia a risvegliarsi. Per la gamba ci vorrà qualche giorno, ma non ho fretta. Ho imparato che la pazienza è una virtù, un paracadute che ci preserva dal baratro della follia.

Papà e Pietro, contagiati dal nuovo clima, ridono, scherzano, fanno progetti che riguardano anche me. Parliamo delle bellezze e della gastronomia del luogo, della fortuna di essere finalmente nel posto giusto. A breve, dicono, andremo via anche da qui. Per la prima volta dopo tanto tempo, sogniamo. Niente più incubi, incertezze, mostri.

Diario clinico, 31 maggio 2013:

Ore 11.00. Apiretico, lucido e collaborante, emodinamica stabile, non ristagno gastrico. Buona la ripresa della diuresi.

9.

«Stanotte ho riposato splendidamente, papà!».

Mi sento come uno scalatore giunto sull'Everest a piedi nudi e senza equipaggiamento.

«Si vede che stai meglio!» si congratula papà felice come un bimbo. Il suo viso è rilassato, la fronte distesa. La felicità ha davvero il potere di trasformarci.

Per la prima volta da quando tutto ha avuto inizio, ho voglia di guardarmi allo specchio. Sono stati giorni durissimi: i miei occhi sono incavati, le guance smunte, per non parlare del ciuffo. Quando sarò a casa, chiederò alla signora Rosanna di prestarmi la sua lacca miracolosa. Precipitarmi giù per le scale e suonare alla sua porta un numero imbarazzante di volte per chiederle lo scotch, le forbici, la lacca o altre diavolerie è un'abitudine a cui non intendo rinunciare perché il suo sorriso divertito e accondiscendente è parte della mia quotidianità. È *casa*.

Ieri era il compleanno di Ylenia. Non era mai successo che non lo passassimo insieme. In queste occasioni, trovo sempre il modo di regalare un sorriso a coloro che amo: basta un gesto, una parola, un'attenzione, un piccolo oggetto, una canzone, una poesia, una margherita, una lettera, un colore, qualsiasi cosa, purché racconti di noi.

Forse sono ancora in tempo per stupirla, per ricordarle che nonostante la distanza e le mie condizioni, resto sempre il re dei compleanni.

Pietro parla fitto con un infermiere, sembra che abbiano tante cose da dirsi. Forse si sta informando sul miglior ristorante della zona. Provo a catturare la sua attenzione battendo la mano sinistra sul materasso.

«Dimmi Ste! Cosa ti serve?».

Gli faccio cenno di passarmi il telefonino. Finora l'ho tenuto a debita distanza, ascoltavo le voci dei miei amici solo in presenza dei miei. Loro si sforzavano di interpretare le mie espressioni e il mio labiale e riferivano, ma era una fatica immane.

Oggi faccio da solo. La mano sinistra ha una motricità scarsissima. Avrei dovuto iniziare ad allenarla il giorno stesso in cui ho letto quell'articolo sulle tecniche per diventare ambidestro. Pazienza, mi arrangerò.

Mando un messaggio di auguri a Ylenia, poi scriverò anche a Rossana: quanto mi manca! Esordisco con un «Amore!» di sicuro effetto. La risposta di Ylenia non si fa attendere.

«Amore cucciolo, ma sei davvero tu?».

Bene! Colpita e affondata! La immagino con gli occhi spalancati, la mano davanti alla bocca, mentre si lascia cadere sulla prima sedia che le capita a tiro.

«Siiiiii»: tento di sopperire alla difficoltà di scrivere con l'enfasi dei suoni prolungati. Avrei tantissimo da dirle, però è troppo faticoso e intendo fare tutto da solo.

«Ma che dici? E come fai? Come stai? Mi manchi, ieri ho passato il compleanno più brutto della mia vita! Senza di te, la prima volta dopo diciotto anni. È stato orribile!». Mille domande, una dietro l'altra. Ylenia scrive come parla. Sarà agitata: si siede, si alza, guarda il telefono, aspetta una mia risposta, freme.

«Ci provo. Che hai fatto ieri?».

«Ma sei veramente tu? Mi viene da piangere per la felicità. Comunque sono stata tutto il giorno da sola a casa a studiare. Tu piuttosto che fai? Come stai?». Mi manda una foto, un bacio. Sorrido.

Aspetta Ylenia, dove sei finita? Non ti vedo più, non vedo il telefono, non vedo nulla, si è fatto improvvisamente buio. Se è uno scherzo, fa schifo! Non mi sto affatto divertendo! Riaccendete la luce, alzate le serrande! Smettetela!

Un improvviso senso di nausea, dolori lancinanti allo stomaco. Che cazzo sta succedendo?

Papà e Pietro vengono fatti accomodare fuori. No, tornate indietro! Papà, mi viene da vomitare! Provo a dirlo col labiale, forse m'ha capito, ma è un attimo. Poi agitazione, voci convulse. Un liquido caldo fuoriesce dalla mia bocca, e non è vomito.

«Da dove viene tutto questo sangue? Portate le sacche! Presto! Presto!».

Passi veloci, rumore di sedie che rotolano per terra, un andirivieni di gente che entra ed esce, toni allarmati.

Buio. Scarafaggi enormi si muovono nell'oscurità, attaccano ogni centimetro della pelle, non risparmiano nulla, si cibano di tutto ciò che incontrano e penetrano in ogni orifizio del mio corpo. Mi rosicchiano a piccoli morsi, depositano le loro larve in tutti gli organi vitali.

Improvvisamente, un rumore forte, lo scoppio di una bomba. Gli insetti malefici sono arrivati al cuore, lo attaccano, lo sbriciolano, smette di battere. Qualcuno si fionda sul mio petto, preme a ritmo.

Sta accadendo davvero?

Papà e Pietro sono in corridoio, non hanno ben chiara la situazione. Un anestesista con il camice inzuppato di sangue e il volto stravolto li raggiunge e li informa che la situazione è improvvisamente e inspiegabilmente degenerata. Quel sangue appartiene a me.

Adesso sembrano due formiche impazzite, si muovono disordinatamente, senza una meta, cozzano l'uno contro l'altro, le mani tra i capelli, gli occhi persi.

«Signor Terranova, non riusciamo a capire da cosa dipenda questa emorragia improvvisa. Stefano è andato in arresto cardiaco. L'abbiamo rianimato per un'ora e venti minuti, il cuore ha ripreso a battere».

«Ha subito dei danni?» riesce a chiedere papà con uno sforzo sovrumano.

«La priorità era mantenerlo in vita. Adesso che è stabilizzato proveremo ad eseguire una TAC. A questo punto, inizio a pensare che da Milano vi abbiano spedito qui per liberarsi di un caso difficile!».

La voce del medico giunge lontana alle orecchie di papà e Pietro, ovattata e metallica. Soltanto tra qualche settimana ricorderanno quanto proferito dal professor Delcanto. Adesso, invece, stentano a comprendere, non riescono a realizzare che non c'è più niente da sognare.

Mi sottopongono a un'altra TAC, ma non si riesce a capire da dove venga tutto questo sangue. Le voci si confondono, si sovrappongono, si mescolano, come se intonassero un coro. Sento il mio corpo sempre più estraneo, quasi che non mi appartenga più.

Nella concitazione e nel trambusto si scopre un "particolare": un'anomalia congenita, definita doppio arco aortico, qualcosa con cui sono nato, una mia specificità, insomma. Perché improvvisamente tutti si concentrano sul mio cuore e sulla mia aorta? In fondo ci convivo da diciotto anni e non ho mai avuto problemi! Allora è lecito supporre che in questi giorni sia intervenuto qualcosa di specifico. I medici, però, non capiscono! Si affannano, corrono, chiedono altre sacche di sangue.

«Facciamo una EGDS» ordina un medico. EGDS, acronimo di esofagogastroduodenoscopia. Una parola difficile che non fa presagire nulla di buono.

«Una fistola tracheoesofagea! C'è una fistola tracheoesofagea di tre centimetri!» urla Delcanto in preda al panico; poi si precipita fuori dalla stanza, dirigendosi a grandi passi verso papà.

«Era a conoscenza del fatto che suo figlio avesse un doppio arco aortico?» gli chiede a bruciapelo.

Mio padre lo guarda allibito, non crede alle sue orecchie. «Un doppio arco aortico?» urla. «Ma cos'è? Come avrei potuto saperlo? Nessuno mi ha mai informato! Mi scusi dottore, dalla documentazione inviata da Milano deve pur risultare! Hanno eseguito molte TAC in quell'ospedale! Se ne saranno certamente accorti!».

Il medico scuote la testa. «Proveremo a ricostruire l'esofago utilizzando una protesi in silicone in modo da arrestare l'emorragia» dice frettolosamente, mentre corre verso la sala operatoria.

Papà è colto di sorpresa, non capisce che nesso ci sia tra l'emorragia e il doppio arco aortico. Nemmeno io capisco molto. E a onor del vero... non toccherebbe a noi.

10.

Una mattina di tarda primavera, mentre ero a scuola, sono stato colto un malore. A Cefalù mi hanno diagnosticato un angioma cavernoso bulbare, così sono stato trasferito a Milano, in un centro di eccellenza per le malattie neurologiche, perché venisse asportato. Lì, il dottor Ferrante mi ha salvato la vita.

Mi sentivo bene, nonostante tutto. Il trasferimento nel reparto di Rianimazione, però, ha segnato l'inizio del mio calvario. Tracheotomia, febbre, difficoltà respiratorie, sudorazione eccessiva, muchi, disancoramento della cannula, lavaggi polmonari, infine il trasferimento in questo ospedale per la decorticazione.

Improvvisamente, sangue, più di quanto se ne possa immaginare; e buio, buio pesto, buio che non si può raccontare.

Il mio cuore si ferma. Qualcuno mi rianima.

Poi la TAC e il doppio arco aortico, l'EGDS e

l'ulteriore sorpresa di una fistola tracheale di tre centimetri, di cui, inspiegabilmente, nessuno si era accorto fino a oggi. Vada per il doppio arco aortico, ma la fistola non può essere genetica!

Mi sottopongono a un intervento d'urgenza per ripararla. Riprendo a sanguinare, cercano di tamponare, poi si fermano. Capiscono, finalmente, di non essere in grado di gestire la situazione e contattano la cardiochirurgia di Bergamo per programmare il mio trasferimento. Il quarto in meno di un mese.

Lettera di dimissione:

(...) Il giorno 1/6/2013 alle ore 18.30 circa, in pieno benessere, mentre riceveva la visita dei parenti, all'improvviso lamentava dolore addominale con nausea, seguito da episodio acuto di emorragia massiva attraverso il lume della cannula tracheostomica. Si aprivano immediatamente le vie aeree con riscontro di emorragia irrefrenabile, desaturazione al 68%. Si iniziava rianimazione cardiopolmonare con massaggio cardiaco e adrenalina. Le manovre rianimatorie sono a lungo proseguite (circa 1 ora e 20 minuti) durante tale periodo si sono ripetuti episodi

di ripresa di circolo. Alla prima EGA emoglobina 3 gr/dl. Trasfuso in urgenza. Per il persistere di emorragia di verosimile tracheoesofagea si inseriva e si gonfiava sonda di Blakemore in esofago ed esecuzione di tracheobronchiale con aspirazione di abbondante materiale ematico, sia a destra che a sinistra. Stabilizzato il circolo si procedeva quindi ad esecuzione TAC total body che evidenziava nota malformazione dell'arco aortico e dubbia soluzione di continuo della parete tracheale senza evidenza di sanguinamento in atto. Rientrati in rianimazione si procedeva quindi a esecuzione EGDS che evidenziava grossa fistola tracheoesofagea probabilmente iatrogena da cuffia della tracheotomia. Si decideva quindi per intervento di riparazione in urgenza di tale fistola. In sala operatoria alla rimozione del tubo OT (per introduzione di broncoscopio rigido per motivi chirurgici) insorgeva importante sanguinamento tale da richiedere reintubazione d'urgenza e tamponamento di fortuna dell'emorragia attraverso la pressione della cuffia del tubo OT, posizionata sulla nota fistola tracheoesofagea. Si trasferisce presso la vostra struttura per la prosecuzione delle cure del caso in più adeguata sede.

Alle prime luci dell'alba giungo a Bergamo in elisoccorso.

Corro. Non so bene dove mi trovo. Mi sto svuotando, il sangue fuoriesce copiosamente dalle mie arterie, la "nota" fistola esofagea carenale ha raggiunto il doppio arco. Il sangue proviene da lì, inonda lo stomaco, i polmoni, ostruisce le vie aeree.

Gli scarafaggi sono ovunque. Provo a fuggire, ma non ho scampo: sono troppo veloci, sembra che abbiano anche le ali.

Incontro sassi grandi come scogli. Li urto nel tentativo di guadagnare terreno, mi ferisco, sanguino. Sono in preda a dolori lancinanti, braccato da esseri famelici che presto mi raggiungeranno.

Improvvisamente, le gambe e le braccia mi si accorciano, le mani si fanno piccole, come se fossi tornato bambino.

Sono stato un bambino terribile, la disperazione dei miei genitori. Ero capace di smontare case ed elettrodomestici di amici e parenti, scalavo muri e mobili senza timore di cadere. Vorrei tornare a quei momenti, quando tutto sembrava possibile e non conoscevo né paura né dolore.

Gli orribili puntini neri, maleodoranti e sadici, dalle zampine leste e allenate, iniziano a spruzzarmi addosso un liquido caldo e colloso che mi paralizza. Poi, una luce. Qualcuno urla: «Fine della corsa!». Ma come, di già?

Una porta si spalanca indicandomi la via. La chiudo dietro di me: il dolore e la paura svaniscono.

Oltre la porta c'è una piccola piazza gremita di gente. Ma quanti siete, tutti qui per me? Non ci state tutti! Grazie! Grazie! Grazie! So che non potete sentirmi ma io vi sto abbracciando uno per uno, asciugo le vostre lacrime, vi scompiglio i capelli, vi tengo per mano.

Dal sagrato della chiesa la vista è mozzafiato; a destra Piraino, la mia Guardiola; di fronte, un'isola fa capolino tra due dolci colline. Il verde di giugno, la promessa di una splendida estate. Gli alberi mi guardano e mi salutano, abbassano le cime, quasi in segno di rispetto. Radici forti, rami flessibili, un po' come me.

Lo so, non è giusto. Leggo il dolore e la disperazione che straziano il cuore delle centinaia di persone venute a darmi l'ultimo saluto, l'affetto dei loro discorsi mi riempie di gioia.

Ma non sono andato via, sono ancora qui, in un'altra forma, in una dimensione diversa che non so ben definire. Se alzate gli occhi al cielo potete ancora vedermi: sarò nuvola o scia luminosa, brezza profumata o carezza accennata. Sarò soprattutto pensiero, presenza costante: finché resterò nel vostro cuore, non andrò mai via.

Mi è dispiaciuto non poter salutare. Ho tentato di resistere, ma la lotta era impari. Quando sono arrivati gli scarafaggi, ho capito che avrebbero vinto loro e che dovevo accettarlo. Non che mi abbia fatto piacere, all'inizio è stata dura! Nessuno vuole andare via a diciotto anni e io avrei voluto ancora pedalare fino a perdere il fiato, piegarmi in due per la fatica, cadere in ginocchio per i crampi! Correre, saltare, cantare, passeggiare mezzo nudo a febbraio.

Mi hanno fermato quando avevo vinto la gara più importante. Se non mi avessero fatto lo sgambetto, avrei continuato a correre. Ma chi è stato? Perché la situazione è precipitata? Troppi interrogativi, troppe incongruenze, troppe patologie sbucate fuori dal nulla.

Di certo c'è che i miei vasi sanguigni si sono squarciati, che i miei organi sono stati inondati, che ogni speranza è andata perduta. Sono morto soffocato dal mio stesso sangue. In confronto, il *mostro* che mi aveva azzannato il cervello era un dilettante.

Ho avuto giusto il tempo di vedere Ylenia per un'ultima volta.

«Sei il solito merda che mi abbandona senza neanche salutare»: il suo messaggio è rimasto senza risposta.

Yle, è vero che sono dispettoso e bastardo, ma ti giuro che non ho potuto risponderti, s'è fatto buio, sono arrivati gli scarafaggi e ho iniziato a correre. Il resto lo sai.

Il trascorrere dei giorni acuisce il dolore, la consapevolezza che il distacco sia definitivo. Mamma è chiusa nella sua disperazione, vorrebbe non pensare più, annullarsi. L'eventualità che la mia morte fosse evitabile e in qualche modo imputabile al personale medico rende insostenibile il suo dolore. Vorrebbe aprire la porta della mia stanza, ma teme che il mio odore possa svanire.

Papà è assalito dai sensi di colpa. Trascorre settimane a rimuginare, con gli occhi sbarrati e lo stomaco chiuso. Il tempo per lui sembra essersi fermato. Non riesce a star fermo, ritorna con la mente a quei giorni, legge e rilegge le cartelle cliniche. Non lo convince, in particolare, un passaggio della lettera di dimissioni che mi accompagnava a Bergamo: *"grossa fistola tracheoesofagea probabilmente iatrogena da cuffia della tracheotomia"*.

Una mattina d'agosto si alza col preciso intento di porre fine all'inquietudine che lo tormenta.

Vuole la verità e sa che la sola via percorribile è quella della denuncia. Sceglie di non tacere e di accertare eventuali responsabilità dei medici che mi hanno avuto in cura nel post-operatorio. Non è giunto a questa decisione per saziare desideri di vendetta, vuole solo capire che cosa sia accaduto, se fosse stato possibile evitarlo e, magari, trovare un po' di pace.

Da sei anni combatte una lotta impari contro un sistema che serra le file per impedire che le cause di presunta malasanità abbiano risvolti penali, oltre che civili.

È il 6 gennaio 2019. Da sei anni non addobbo l'albero di Natale spennacchiato. Adesso tocca a mamma. Il lento e vuoto incedere del tempo e l'assenza di risposte giudiziarie, però, non aiutano, svuotano di senso le nostre battaglie, sfiancano gli entusiasmi, deludono le aspettative.

Al silenzio delle istituzioni rispondo con la mia storia.

CONCLUSIONI

Quando Tindaro decise di farmi dono della storia di Stefano, offrendomi il privilegio della sua difesa, compresi che si trattava di una vicenda dolorosa, complessa, difficile da ingoiare e che meritava anche di essere raccontata.

Per non tacere.

Perché ogni singola morte fa cambiare il mondo. Di molto. A volte dipende da cosa si vuole capire delle vite degli altri.

E Tindaro, che mi ha raccontato la morte di quel figlio, non cercava vendetta, né denaro, né consolazione, ma la verità sulla tragica fatalità o sull'errore che l'avevano causata.

La risposta a quella ricerca conduce ad altre e più complesse domande: cosa sia un ospedale, quale latitudine abbia il dovere di un medico e quale differenza tra la cura e la salvezza del paziente.

La storia della vita interrotta di Stefano e dei suoi cari cercherà di porre l'accento su questi interrogativi, se non per dare una risposta, almeno per abbozzarla.

Non ho mai conosciuto quel ragazzo. Negli atti si leggeva che se ne era andato per una malattia neurologica congenita, un angioma del bulbo che aveva cominciato a sanguinare a scuola, la mattina del 3 maggio del 2013. Un epilogo tragico, che rese attonita una intera comunità.

Pochi mesi dopo, quello stordimento fu aggravato dalla notizia della morte di Loris, il compagno di classe di Stefano che quel giorno lo aveva sorretto nel malore. Un'altra tragedia e un filo che avrebbe unito nel dolore e per sempre due giovani vite.

Decisi di conoscere a fondo le carte di quel triste epilogo e mi avvidi con stupore che Stefano non era morto per quella malattia neurologica, ma a causa di una emorragia massiva determinata da una fistola tracheo-esofagea non diagnosticata che aveva raggiunto l'aorta di Stefano, perforandola.

Questa conclusione mi parve subito certa perché documentata perfino dall'esame autoptico, eseguito presso il reparto necroscopico dell'ospedale Papa Giovanni XXIII di Bergamo, e in effetti il dato possiede una valenza incontestabile per tutti coloro che dalle varie angolature hanno studiato il caso clinico.

Reperto autoptico rilasciato il 05-08-2013, Bergamo.

...Epicrisi:

Trattasi di soggetto sottoposto a intervento neurochirurgico per angioma del troco encefalico, tracheotomizzato, che sviluppò empiema pleurico destro trattato chirurgicamente con decorticazione e drenaggio e fistola tracheo-esofagea-aortica con massiva emorragia delle vie digerenti.

La morte è dovuta a insufficienza cardio-circolatoria acuta.

Si sa che il dolore per la perdita di un figlio lacera l'esistenza e ripercorrere ogni attimo, ogni momento di quel calvario, rivivere quello strazio facendosi male, sempre più male, è esercizio giornaliero per chi si trovi in quella terribile condizione esistenziale.

E in quell'opera di cruda violenza contro il proprio dolore, Tindaro cominciò a pensare che qualcosa nella cura di Stefano negli ospedali che lo avevano ospitato non avesse funzionato. E si informò, si documentò, viaggiò, consultò medici, esperti e, sulla scorta di scrupolosi pareri medico legali, decise di non tacere e di chiedere un accertamento della verità sulla morte di Stefano.

Pensava di rendere giustizia al proprio adorato figlio ma, come in una canzone di Francesco De Gregori, *"cerca(va) Giustizia e trova(va) la Legge"*.

Così, il 2 agosto 2013, depositò una denuncia presso la Procura della Repubblica di Bergamo per omicidio colposo, individuando responsabilità nell'operato dei medici degli ospedali che avevano ricevuto Stefano.

Il fascicolo venne inviato per competenza territoriale a Milano, non ravvisandosi nell'esposto alcuna censura rispetto ai sanitari in servizio presso l'ospedale di Bergamo, nel quale era avvenuto il decesso, e nulla obiettando il Pubblico Ministero ricevente, prese avvio l'accertamento delle presunte responsabilità per colpa sanitaria.

È naturale e consueto che le risposte cercate siano state affidate a una consulenza tecnica.

La prima delle due consulenze tecniche disposte dall'ufficio inquirente, depositata il 7 aprile

2014, è disarmante già nella forma oltreché nella sostanza.

Denota una approssimazione, riconducibile a un frettoloso copia e incolla; anche il nome di Stefano viene confuso o mescolato con quello di un altro morto senza nome.

L'errore è scusabile per un Tribunale, ma non per un padre o una madre che in quelle carte rivedono e ripercorrono, accarezzandole, le membra deposte del proprio figlio. Si obietta che la legge non possa indugiare dinnanzi al dolore e alle emozioni e che la "vittima" è solo colui che nel processo viene indicato come parte offesa del reato. Non un soggetto in carne e ossa ma un soggetto senza nome, senza identità, senza storia.

Fa però capolino l'idea che la vita lacerata di Stefano venga affrontata come un numero, una vicenda burocratica nella quale basta sostituire un nome e consegnare un incarto senza convinzione né attenta partecipazione.

Risultato della prima consulenza: la fistola tracheo esofagea aortica, una inevitabile complicanza; la mancata identificazione del doppio arco aortico, una vera sfortuna se non una colpa di Stefano.

Conseguentemente, il Pubblico Ministero propone richiesta di archiviazione.

Stefano aveva un'aorta con una sua specificità rispetto a una regola, un'aorta a doppio arco che avvolgeva gli organi contigui, trachea ed esofago.

Una specificità che, rispetto alla possibile insorgenza di una fistola o di una comunicazione vietata tra gli organi, avrebbe dovuto essere considerata con allarmante gravità.

Se il "tubo" tracheale e il "tubo" esofageo sono liberi e non costretti da un anello che li avvolge, è di plastica evidenza che lo spazio e la pressione delle pareti dei due organi risulti differente. Se all'interno dei due organi vi sono, come vi erano dentro le viscere di Stefano, un sondino naso gastrico (nell'esofago) e una cannula tracheostomica (nella trachea) è comprensibile anche a un non addetto ai lavori che l'adiacenza e la capacità di strofinamento e di comunicazione dei due organi e dei presidi sanitari in essi contenuti risulti favorita, così come risulta favorita l'insorgenza di una anomala comunicazione attraverso una fistola.

Il giudice non ci sta e, recependo le argomentazioni di quanto scritto in una consulenza medico legale prodotta dalla parte offesa, ponderando gli interessi in gioco, respinge con parole trancianti la prima delle tre richieste di archiviazione, che ostinatamente sono state presentate per non far celebrare un processo per omicidio colposo[1].

Esiste il sospetto che *"giù al Nord"* la responsabilità medica colposa sia roba da assicurazioni e scambio di denari per risarcire i danni e non far trapelare interessi, deficienze, commistioni economiche dei centri privati sanitari d'eccellenza.

Dev'essere un dato acquisito questo tra gli operatori del diritto e sconosciuto solo a Tindaro e al proprio avvocato.

"A Milano, con estremo favore [ndr], si constata che le cause penali per responsabilità medica colposa sono diminuite del 70% e che quasi tutte le richieste di archiviazione risultano accolte dal GIP"[2].

Colpa professionale medica

Come si è già sopra ricordato, il programma informatico Re.Ge non consente di distinguere tra lesioni colpose gravi da infortuni sul lavoro, incidenti stra-

---

1. La prima richiesta di archiviazione viene reiterata a seguito dei chiarimenti richiesti ai consulenti tecnici; peraltro irritualmente – secondo i più – consumato il potere del PM dopo la richiesta depositata al GIP.
2. Bilancio di Responsabilità Sociale 2011-12 Procura della Repubblica di Milano.

dali e colpa professionale. È allo studio, a livello di dipartimento, un supporto informatico che consenta di avere un quadro statistico del numero dei reati in esame. L'impressione è che in tale settore si assista a un incremento delle notizie di reato. Si tratta di indagini particolarmente impegnative e complesse, essendo spesso necessario esaminare decine di persone informate sui fatti e disporre consulenza tecnica. La definizione con richiesta di archiviazione (quasi sempre accolta dal GIP) si aggira intorno al 70%.

Così tuona il massimo rappresentante della magistratura requirente a Milano e la pletora dei magistrati, che individuano ancora oggi come "una rogna" lo studio della responsabilità penale medica.

Sono parole che rimbombano nelle orecchie e nella mente di chi ha perso per colpa di un errore il proprio figlio e che non si rassegna all'idea che un morto "di ospedale" sia o possa divenire "capitale umano" oggetto di mercimonio silenzioso.

Ordinanza del 15 luglio 2015
GIP dott. G. Gennari, già GIP presso il Tribunale di Milano:

Non pare esservi alcun dubbio circa il fatto che l'elaborato consulenziale a disposizione del PM risulti carente e contraddittorio nella parte integrativa. Nella prima relazione la consulente escludeva categoricamente che la fistola tracheo-esofagea fosse addirittura presente prima del giorno 28 maggio. La consulente derivava quest'affermazione dal fatto che la fistola non era stata, all'epoca, diagnosticata nonostante gli accertamenti già effettuati. Successivamente la consulente, su stimolo della difesa della persona offesa, mutava radicalmente questa conclusione, affermando che "radiologicamente potesse esservi il sospetto di un tragitto fistoloso in data 16 maggio. Esso appare in effetti evidente in data 21 maggio...". Dunque, non solo la fistola esisteva da ben prima del 28 maggio, ma era pure rilevabile. Evidentemente, o la consulente – fino a quel momento (cioè fino alla integrazione) – non aveva personalmente neanche visto gli esiti delle TC torace con MDS o li aveva mal interpretati.

Prosegue l'iter giudiziario con l'espletamento di una seconda consulenza prodromica alla seconda richiesta di archiviazione.

Perché è così che dev'essere.

La consulenza, affidata non più a consulenti della Regione Lombardia, ma più periferici, ricostruisce con puntualità la causa della morte, il nesso causale e declama una conclusione, quella profanamente raggiunta da Pietro e Tindaro che hanno assistito Stefano con gli occhi, sopperendo con l'osservazione spasmodica l'approccio burocratico che si constatava.

"Stefano è morto per la mancata diagnosi di una fistola, di quella fistola di 3 cm che ha attraversato indisturbata i suoi organi fino a perforare l'aorta. Senza quella fistola, con probabilità vicina alla certezza, logicamente e scientificamente Stefano non avrebbe incontrato la morte".

Non sbagliava Tindaro, non sbagliava la parte offesa, non sbagliava l'attenta consulente dott.ssa Antonella Milana.

Nella relazione della seconda consulenza tecnica si sosteneva che *"le immagini TAC torace eseguite nei giorni 11/05 – 13/05 – 16/05 – 21/05 non consentono di affermare con certezza che fossero presenti tramiti fistolici".*

Cosa nasconde questo illusionismo delle parole "non è certo che fossero presenti".

La scienza è rigorosa ricostruzione di dati di osservazione materiali e fisici. Come si possa in una indagine scientifica affermare che una lesione *non è certo che si veda* è circostanza che tradisce percorsi mentali oscuri e che fa dubitare della buona fede di chi li percorre.

E il primo a dubitarne è il secondo GIP, sostituitosi al primo, che si convince di non potere archiviare il procedimento, che non può caricare la propria coscienza della dissoluzione del sospetto e dell'indizio *"che le immagini potessero quanto meno indurre il forte sospetto della presenza della fistola stessa"*, e certifica nella pronuncia un errore diagnostico fatale.

Nella TAC con MDC, refertata da un centro di super eccellenza, firmata e controfirmata da soggetti incomprensibilmente non iscritti *ab origine* nel registro degli indagati (verranno iscritti solo su iniziativa della parte privata[3]), emerge che la conformazione a doppio arco dell'aorta di Stefano era un dato visibile, cristallizzato e non riconosciuto.

---

3. La denuncia nei confronti dei radiologi che avevano eseguito e refertato le TAC è avvenuta ad opera di Tindaro Terranova e non su iniziativa doverosa del Pubblico Ministero ambrosiano.

Ma i quattro fotogrammi delle TAC costituiscono un dato probatorio dinamico. Tindaro riesce a entrare dentro il corpo radiografato di suo figlio, dentro la trachea, dentro l'esofago, dentro il cuore di Stefano e la trasposizione delle immagini in 3D, rappresentata da una consulenza radiologica introdotta dalla parte offesa, dimostra come tutto sarebbe stato visibile per un occhio esperto, se solo si fosse avuta la diligenza di conoscere e studiare.

Tutto è inesorabilmente plastico.

Come il dolore di scoprire che Stefano è morto per colpa o per errore colposo di altri.

L'errore medico non è un errore qualunque e l'errore può essere fatale, nel senso che dopo l'errore viene meno la vita.

E all'errore, in questa vicenda come in troppe altre analoghe, non si guarda per quello che ha prodotto in termini di conseguenza ma come insulto al narcisismo patologico di certi professionisti o di una intera categoria che, non tollerando la sanzionabilità dell'errore, diventa una casta.

È accertato ormai che se la fistola di Stefano fosse stata diagnostica in tempo, che se la conformazione del doppio arco aortico fosse stata riconosciuta e non erroneamente refertata come altro (variante del tronco brachicefalico) si sarebbe potuto intervenire e ripararla; ma la diagnosi è arrivata troppo tardi, a torace aperto, quando Stefano era già stato assalito dagli "scarafaggi", le sue vene si stavano svuotando e la sua faccia bianca faceva presagire che le forze lo avevano abbandonato.

Anche a seguito del secondo elaborato peritale, la richiesta delle Procura di Milano rimane invariata.

Richiesta di archiviazione.

E anche questa volta il giudice non ci sta. E spiega tra le righe, quasi un *obiter dictum*, che il fascicolo non può essere archiviato.

Ordinanza del 29 novembre 2016
Dott.ssa M. Accurso Tagano, GIP presso il Tribunale di Milano:

Il Pubblico Ministero in sede, dopo la trasmissione del fascicolo da parte del Pubblico Ministero della Procura presso il Tribunale di Bergamo, ha inteso condurre le indagini nei confronti di tutti i medici che avevano avuto in cura Terranova Stefano. Ha, quindi, iscritto nel registro ex art. 335 c.p.p. sia i sanitari in servizio presso l'Isti-

tuto neurologico Carlo Besta di Milano sia quelli in servizio presso l'Ospedale Morelli di Sondalo, ciò evidentemente ipotizzando che costoro, in concorso tra loro o con condotte indipendenti, avessero determinato la morte di Terranova Stefano. La scelta è sicuramente ineccepibile se sol si considera che il decesso di Stefano è intervenuto il 02.06.2013, dopo che comunque costui aveva subito un ricovero di più giorni nell'Ospedale di Sondalo, dove era stato sottoposto a un intervento di empiemectomia e decorticazione polmonare.

Sulla base di tale prospettazione accusatoria – che il P.M. di Bergamo ha inteso escludere, basandosi sulle valutazioni espresse dal padre del ragazzo nella propria denuncia, ove ci si concentrava sulle omissioni ed errori diagnostici in cui sarebbero incorsi i medici del Besta – deve ritenersi la competenza territoriale del Tribunale di Bergamo. Ricorrendo, infatti, un'ipotesi di connessione [...] si dispone, quindi, la restituzione degli atti al Pubblico Ministero in sede perché ne curi la trasmissione al Pubblico Ministero presso il Tribunale di Bergamo, che dovrà valutare se gli atti di indagine fino ad ora compiuti consentano di avanzare una richiesta di archiviazione.

Ci si permette solo di evidenziare quanto segue: la causa del decesso è da ricondurre ad un'insufficienza cardiocircolatoria acuta secondaria ad emorragia massiva originata da fistola tracheo-esofagea estesa alla parete dell'aorta toracica, in soggetto con doppio arco aortico. I consulenti del Pubblico Ministero, prof. Ventura e Tavani, ritengono, nell'escludere che sussista una responsabilità colposa in capo ai medici, che non fosse possibile stabilire con certezza il momento in cui sarebbe insorta la fistola. Testualmente scrivono, a pagina 48 della relazione in atti, "le immagini TAC torace eseguite nei giorni 11/05 - 13/05 - 16/05 - 21/05 non consentono di affermare con certezza che fossero presenti tramiti fistoloci", così inducendo il dubbio che le immagini potessero quanto meno indurre il forte sospetto della presenza della fistola stessa. La circostanza è assai rilevante se solo si considera che da una parte il consulente tecnico di parte offesa, basandosi su un parere reso dal prof. Politi, afferma che la lesione fosse visibile con certezza già dal 21/05, se non addirittura già dal 16/05, e che dall'altra tale affermazione è stata condivisa dai consulenti tecnici nominati in prima battuta dallo stesso Pubblico Ministero. Alla data del

21 maggio i sanitari erano, peraltro, già incorsi nell'altro errore diagnostico, non rilevando la presenza del doppio arco aortico, per quanto avessero la disponibilità di più immagini TAC torace da più giorni, immagini che peraltro hanno consentito una corretta diagnosi ai colleghi di Sondalo, senza bisogno di alcun consulto. Del resto, non si coglie nemmeno per quale ragione la presenza di un consulto dovrebbe esonerare da responsabilità medici con alta specializzazione tanto più ove risulti che le immagini, come affermato dagli stessi consulenti tecnici di parte, fossero "piuttosto suggestive" della presenza di un doppio arco aortico (cfr. pagina 53 della relazione). Appare quindi ragionevole ritenere che una tempestiva diagnosi circa la presenza della fistola, oltre dieci giorni prima della morte, avrebbe potuto consentire ai medici non, come sembra suggeriscano i consulenti del Pubblico Ministero, un intervento sul doppio arco aortico, ma sulla fistola stessa, le cui dimensioni certo dovevano essere molto più modeste di quelle riscontrate in sede di autopsia.

Quel fascicolo è divenuto scomodo, una "rogna" occuparsi di responsabilità medica e allora, sulla base di una diversa interpretazione delle norme sulla competenza, viene trasmesso lì da dove era partito, cioè a Bergamo (che quindi aveva erroneamente inviato a Milano), risultando necessario, in presenza di azioni compiute in parte in un ospedale in parte in un altro, collegare la competenza con il luogo del decesso.

Certo il giudice applica le norme secondo il principio del libero convincimento. E le norme sulla competenza territoriale sono norme non cogenti o non del tutto cogenti e non del tutto governate da criteri opzionali.

Ma tanto è, si torna a Bergamo per ricominciare.

E così si arriva al 29 novembre 2016.

La decisione del GIP ha il merito di aver salvato l'iter giudiziario dal cestino "svuota tutto" dell'archiviazione. Ma non esonera pensieri e illazioni legittime sul ruolo svolto dall'ufficio requirente ambrosiano.

Il procedimento attraversa un tema tra i più dibattuti in Italia, quello dell'osservanza del principio della obbligatorietà dell'azione penale tutte le volte che la *notitia criminis* non appaia infondata.

Ci si chiede allora come mai per Stefano, ma anche in molti altri casi di responsabilità medica, in presenza di un motivato rifiuto del giudice, anzi di più giudici, di archiviare, il Pubblico Ministero, si sia acquietato sulle proprie conclusioni o su una consulenza tecnica carente di logicità, che alla corretta ricostruzione dei fatti non ricollega le necessarie conseguenze.

E perché un organo di accusa, non inchiodando i suoi consulenti a risposte impegnative, debba sempre e comunque scegliere per l'errore medico incriminabile, la soluzione più lontana dal proprio ruolo istituzionale.

Il dubbio iniziale che si vogliano dirigere forzatamente le cause di responsabilità medica verso una soluzione privatistica, diventa consistenza.

Sembra che l'organo deputato all'esercizio dell'azione penale per legge improntì le sue determinazioni verso la singolare composizione bonaria della controversia in sede civile.

Come se *morire a 18 anni "di" ospedale* per un errore fosse un diritto disponibile e non fosse – come è – una questione di interesse collettivo che riguarda il diritto alla salute e la tutela dell'integrità fisica del malato.

Le somme elargite in favore della ricerca scientifica e della cura di malattie anche rare non sembra autorizzino questo regresso culturale verso forme di giustizia domestica.

L'omicidio colposo è e resta una morte ingiusta. Chi fa le leggi e dispensa esoneri di responsabilità penale per categoria è il medesimo legislatore che dispone l'aggravamento oltre ogni misura delle pene in materia di omicidio colposo stradale. Cosa cambia?

Affiora un concetto che dinnanzi alla vita interrotta di Stefano ha il valore di una blasfemia o di una bestemmia. Si tutelano i medici per evitare "la medicina difensiva". I dibattimenti penali e le cause per malasanità non possono essere celebrati per evitare la medicina difensiva. Si vorrebbe in altri termini cristallizzare che il timore del medico, che non attenendosi scrupolosamente a quanto fatto da altri prima rischia di esser tratto a processo, è meritevole di tutela più del diritto costituzionale della tutela della salute e possa far degradare a orpello medievale il giuramento di Ippocrate.

E non è il medico per il paziente simile o solo subalterno a Dio?

E non è il medico per il paziente il faro e la speranza della cura e della salvezza?

La storia di Stefano riguarda anche tutto questo.

Tindaro ha continuato a lottatare per conoscere la verità presentandosi alla Procura di Bergamo con una memoria riepilogativa di quanto accaduto e una nuova denuncia nei confronti dei radiologi, i cui nomi mai erano stati iscritti nel registro degli indagati, nonostante l'evidenza.

Nei primi giorni del 2017, il caso è giunto sulla scrivania del PM di Bergamo che, visionate le carte e, dopo nuove indagini, ha sostenuto, allineata e coperta, la terza richiesta di archiviazione, non ritenendo sostenibile l'accusa in giudizio perché – a suo dire – non era possibile *"ricostruire in modo positivo il nesso causale"*.

In altri termini si giungeva a negare ciò che in precedenza i giudici avevano riconosciuto come dato incontestabile, ricavato dall'autopsia eseguita sul corpo martoriato di Stefano.

Stefano era in gravi condizioni di salute e questo era chiaro fin dalla corsa disperata fatta con suo padre a Milano. Per essere operato dal migliore di fama. Per avere l'ultima occasione.

Se l'angioma non fosse stato sradicato dal valente neurochirurgo, che ancora oggi – è dato pensare – scuote la testa al ricordo di quel fallimento professionale, Stefano sarebbe morto comunque a causa del sanguinamento dell'angioma stesso.

Ma egli non morì o, come preferisce dire Tindaro, un medico simile a un dio gli portò in salvo la vita o lo fece rinascere. Tutto era risolto; andava solo assicurato il percorso di ripresa nel decorso post-operatorio.

Nei giorni successivi all'intervento, Stefano, lungi dal guarire ed essere curato diligentemente, contrasse malattie che non avrebbe dovuto contrarre. Non già come si blatera nascostissime infezioni nosocomiali, ma infezioni gravi, che lo portarono a subire un secondo e difficilissimo intervento operatorio di decorticazione polmonare al fine di eliminare un ascesso cagionato per effetto della fistola.

Subì una tracheotomia che necessitò – come è scritto in cartella clinica – un riposizionamento della cannula intascata nella trachea. La trachea non ha tasche, è un organo pervio; l'intascamento è spia di lacerazione o di perforazione tracheale e da lì doveva nascere la consapevolezza dell'errore, invece ignorato.

Ma era scritto il 10 maggio 2013 nella cartella clinica. O è un falso?

Egli morì di una complicazione non connessa alla malattia per la quale aveva implorato e ottenuto la cura, ma per le malattie contratte e cagionategli in ospedale. Morì per essere stato curato nei reparti di quegli ospedali.

Morì "di" ospedale.

A 18 anni.

Il 7 aprile, dunque, una nuova richiesta di archiviazione della Procura della Repubblica presso il Tribunale di Bergamo, cui faceva prontamente seguito l'opposizione da parte della famiglia di Stefano.

Le reiterate richieste di archiviazione, nonostante la sussistenza di gravi elementi colposi e omissivi, l'effimera ricerca del sillogismo perfetto che consentisse di dare alle parole un significato diverso da quello evidente e far quadrare il cerchio che conduce all'impunità, si confermano il *leitmotiv* di questa tragica vicenda e hanno imposto anche l'indifferenza degli organi di informazione, dei giornali importanti, di quelli meno importanti, della TV, delle associazioni a tutela del malato. Tutti zitti perché l'orribile parola "malasanità" deve essere gestita in modo da non nuocere agli interessi dei potentati.

Al profumo dei fiordalisi che adorna ogni giorno da sei anni ormai la lapide di Stefano, si contrappone un olezzo di coscienze decomposte, di maleodoranti sotterfugi, e di interessi indicibili se non addirittura illeciti.

La verità ha un prezzo alto e non tutti sono disposti a pagarlo.

Un genitore che non ha più un figlio ignora questa valutazione.

Il GIP di Bergamo ha accolto il fascicolo come una palla avvelenata perché il giudice è sì un uomo di legge ma è anche un essere dotato di coscienza e di sensibilità. I più alti in capacità divengono magistrati, perché analogamente ai medici decidono le sorti umane: quelle morali ed esistenziali i primi, quelle legate al corpo gli altri.

Il fascicolo di Stefano giace impolverato sulla scrivania di quel giudice.

In attesa di risposte che tardano ad arrivare, diviene sempre più probabile che il caso venga risolto dall'intervento della prescrizione e anneghi nell'affollato calderone delle decisioni all'italiana.

Queste le previsioni delle parti offese. Ma così non è stato perché, nel corso della scrittura di questo racconto, dopo quasi due anni, un giorno Tindaro ricevette la telefonata del suo avvocato che, con un nodo alla gola, gli urlava che neanche il terzo giudice aveva archiviato il procedimento e che il caso rimaneva aperto.

Come?

Non ebbi però il coraggio di dire alla cornetta a Tindaro che fine avesse fatto il fascicolo dopo quasi 6 anni di rimpalli tra un tribunale e l'altro, come fosse un ordigno in procinto di esplodere.

I reati di omicidio colposo non resistono a lungo alla prescrizione e sono di difficile accertamento, necessitando della prova scientifica derivante dalle consulenze.

E la prescrizione dell'omicidio di Stefano è prossima e incombe, salvifica sugli errori gravi commessi.

La decisione presa dal GIP, con una ordinanza che denota diligenza del magistrato e una consapevolezza pesata di ogni lemma delle parole, si conclude con una resa.

Ordinanza del 11 gennaio 2019
Dott.ssa L. Graziosi, GIP presso il Tribunale di Bergamo:

[...] La richiesta di archiviazione, a ben guardare, sotto ulteriore profilo, non evidenzia in modo esaustivo gli esiti di quanto era già stato raccolto nelle indagini svoltesi dinanzi al PM milanese, che sono state assai approfondite,

come emerge, al di là delle conclusioni che ne vengono ivi tratte, dalle precedenti ordinanze dei GIP ambrosiani, fondate sul contenuto degli esiti delle consulenze disposte in tale sede territoriale.

La prima è stata una consulenza medico-legale della dottoressa Luisa Andrello, che si è avvalsa dell'ausilio del prof. Giulio Carcano, specialista in chirurgia generale e vascolare. La relazione (datata 4 marzo 2014) è sottoscritta da entrambi. Il primo quesito chiedeva quali fossero state le cause della morte, e questa era la risposta: "Stefano Terranova decedette a causa dello sviluppo di una fistola tracheo-esofago-aortica" che simultaneamente aveva generato shock emorragico "per fuoriuscita dal torrente circolatorio di ingente e repentina quantità di sangue" versatasi nelle vie aeree e nel tratto digerente e una insufficienza respiratoria acuta dovuta dall'inondazione delle vie aeree del materiale ematico con impossibilità d'ingresso di aria nei polmoni. Il decesso venne causato da tali "due meccanismi, in sinergia", in "poche decine di minuti" non potendosi allo stato identificare la causa del sanguinamento.

[...] È invece "molto più semplice" la diagnosi di comunicazione tra trachea ed esofago, attuabi-

le agevolmente con indagini endoscopiche, come avvenuto nel caso in esame, dove la diagnosi di anomala comunicazione fra trachea ed esofago fu agevolmente e rapidamente posta.

[...] A questo punto la consulenza si occupa della "anomalia vascolare congenita di doppio arco aortico (costituito da un anello vascolare che circonda trachea ed esofago)" – anomalia che sarebbe emersa fin dalla TAC del 16 maggio 2013 come propria del Terranova – per ammettere la possibilità di sviluppo in tal caso di una fistola tra aorta ed esofago in pazienti portatori di detta anomalia "e sottoposti a prolungata intubazione naso-gastrica": la patogenesi "sembra essere correlata a una pressione continua e pulsatile tra l'aorta e l'esofago. Essendo, a causa dell'anomalia vascolare, le pareti di trachea ed esofago strettamente costrette", possono verificarsi "pressioni necrotizzanti e quindi lo sviluppo di una fistola". Questa la conclusione, evidentemente ristretta, nell'ottica all'origine della fistola piuttosto che alla sua percepibilità.

[...] Quanto alle TAC effettuate, i periti osservano peraltro che "radiologicamente potesse esservi il sospetto di un tragitto fistoloso in data 16 maggio" e che questo divenne "in effetti evi-

dente in data 21 maggio". Tuttavia proseguono rilevando che il sospetto radiologico della fistola tra trachea ed esofago "avrebbe potuto far ipotizzare atti chirurgici estremamente impegnativi in considerazione delle condizioni cliniche del paziente, quali una esofagostomia cervicale con contestuale chiusura dell'esofago distale", che non avrebbe però "presentato una reale efficacia terapeutica, essendo la patologia infettiva polmonare non certamente determinata dalla fistola", in quanto presente prima della sua formazione ("bronco aspirato del 9 maggio. Già positivo per presenza di patogeni"). Peraltro, come poi lascia intendere nell'ordinanza del 15 luglio 2015 il GIP del Tribunale di Milano dott. Giuseppe Gennari – ordinanza con cui aveva respinto la richiesta di archiviazione –, i periti "deviano" così dal dato che il paziente è deceduto in conseguenza della fistola e non in conseguenza d'infezione polmonare.

[…] nell'ordinanza del 15 luglio 2015 il GIP Gennari del Tribunale di Milano ha respinto la richiesta di archiviazione, ordinando al PM di conferire l'incarico a un nuovo consulente tecnico per "rivalutare l'intera vicenda anche con l'ausilio di clinici specializzati nella materia"…

[...] La ulteriore consulenza disposta dal PM milanese è stata, a questo punto, quella effettuata dal professor Francesco Ventura, medico legale, e dal professor Mario Taviani, specialista in chirurgia toracica.

[...] i suddetti periti, nella ricostruzione della vicenda, tra l'altro, segnalano (pagine 15ss. della relazione) che il 10 maggio 2013 "fu riscontrata un'ostruzione della cannula tracheostomica" e "sotto guida broncoscopica fu evidenziato un parziale intascamento della cannula nella pars membranacea", intascamento registrato nel diario clinico ("L'estremità della cannula è intascata parzialmente nella pars membranacea. La si disancora ..."). Subito dopo avvenne un aggravamento: "Nel corso dei giorni successivi si verificò un aggravamento del quadro clinico dal punto di vista respiratorio, con comparsa di secrezioni scure e maleodoranti (evidenziate nel diario clinico del 12/05) e peggioramento degli scambi respiratori"; cominciò terapia antibiotica il 13 maggio; il 15 maggio "si verificò un nuovo peggioramento del quadro clinico con insorgenza di versamento pleurico destro" per cui fu sostituita la cannula, fu intrapresa ulteriore terapia antibiotica, fu poi messo un drenaggio toracico, con fuoriuscita di 800 mi di liquido maleodorante...

[...] è evidente che in questa seconda consulenza non si aderisce a quel che, nonostante criticità sotto altri profili, è stato chiaramente riconosciuto nella prima consulenza del PM: la *diagnosticabilità della fistola fin dal 21 maggio. Peraltro, come appunto ha rilevato il GIP Accurso, prima di dichiarare che non poteva esserci neanche sospetto, la seconda consulenza aveva osservato che le TAC del torace "non consentono di affermare con certezza che fossero presenti tramiti fistolici": il che significa che, essendo note le conseguenze della fistola se presente, i medici avrebbero dovuto approfondire per sciogliere il dubbio, cosa che non risulta fatta...*

[...] Ai sensi pertanto dell'articolo 8, secondo comma, c.p.p. la competenza territoriale è in capo del giudice del luogo ove avvenne l'azione o l'omissione. Nel caso di specie, infatti, la condotta omissiva dei sanitari di non percepire la fistola che ha portato il Terranova alla morte non avvenne in Bergamo, ma in Milano e successivamente a Sondalo (anche se in quest'ultimo luogo, presso la relativa struttura ospedaliera, il paziente rimase un tempo assai minore che a Milano), nulla di illecito essendo stato attribuito in sede di contestazione provvisoria a carico di sanitari operanti

presso strutture ospedaliere in Bergamo.

[...] La competenza territoriale non può che dirimersi, allora, non applicando l'art.16, secondo comma, il cui presupposto di applicazione è che uno dei procedimenti connessi sia stato incardinato dove non solo vi è stata condotta, ma pure evento letale: presupposto che qui non sussiste. Si dovrà pertanto ritornare alla regola generale del primo comma dell'art.16, da cui deriva la competenza territoriale del giudice di Milano essendo stata compiuta la prima condotta criminosa – secondo le contestazioni – all'Istituto Besta di Milano. Occorre pertanto sollevare conflitto negativo di competenza ai sensi e per gli effetti di cui agli artt. 28 e ss. c.p.p., con trasmissione degli atti, ex artt. 30, 31 c.p.p., alla Corte Suprema di Cassazione nonché al giudice in conflitto, come da dispositivo ai fini della risoluzione del conflitto negativo di competenza territoriale la trasmissione degli atti del fascicolo processuale alla Corte di Cassazione come per legge, ex art.30 c.p.p.

MANDA

Alla Cancelleria per quanto di competenza e, in particolare, per la comunicazione della presente ordinanza al Giudice per le Indagini Preliminari

Si sposta un po' più in là il coraggio della verità, sollevando conflitto negativo di competenza tra il GIP di Milano e quello di Bergamo. In soldoni, il fascicolo partito da Bergamo e spedito a Milano, rispedito a Bergamo con sentenza di incompetenza da Milano, non potendosi per legge rispedire a Milano in un eterno ping pong, viene spostato un po' più giù: a Roma, laddove la suprema corte di Cassazione non dovrà giudicare se i medici hanno sbagliato nella diagnosi e nella cura di Stefano ma solo quale giudice avrebbe dovuto occuparsi del fascicolo.

Per Tindaro e i suoi cari quell'ordinanza corrisponde a un riconoscimento processuale. Non è stato possibile archiviare il procedimento perché i giudici lo hanno impedito.

Il coraggio della giustizia e della verità è però un'altra cosa e nessuno degli imputati rinuncerà alla prescrizione, come è giusto che sia.

Prima della pubblicazione del libro, abbiamo appreso che la Corte di Cassazione, omettendo la comunicazione alla parte offesa, ha ritenuto territorialmente competente il giudice di Bergamo.

Ancora una volta erravano i magistrati di Bergamo a lasciare correre il tempo, trasferendo il fascicolo per presunta incompetenza territoriale. Quel fascicolo è spinoso come un riccio.

La logica, prima che il senso di giustizia dell'ordinanza del terzo GIP, conduce verso la formulazione di una imputazione coatta, ma noi crediamo che ci si accordi tutti verso un'agognata declaratoria di prescrizione.

Per questa e mille altre ragioni, Stefano meritava di raccontare la storia della sua vita prematuramente spezzata, i suoi sogni, i suoi progetti, la sua quotidianità.

Maria Rita Cicero

Stefano non è, né mai sarà, il freddo numero di un caso giudiziario colposamente archiviato perché prescritto. Resterà il ragazzo con la giacca rosa, il ciuffo ribelle, gli auricolari alle orecchie, che voleva correre incontro a un futuro tutto da costruire, da sperimentare, da vivere.

Vittima della malasanità o più ancora vittima di una certa giustizia.

Per Stefano.

Approfondimenti

In Italia, ogni giorno viene presentata una denuncia per colpa medica, che tuttavia conosce presto la via dell'archiviazione.
Per ulteriori approfondimenti si segnalano i seguenti articoli, disponibili online.

A Milano una denuncia al giorno per colpa medica. Nel 2017 aperti 300 fascicoli in Procura.
Massimo Luce, 08 ottobre 2018
www.lastampa.it

La Procura: «Ogni giorno una denuncia a un medico. È una patologia: molte le archiviazioni»
08 ottobre 2018
milano.corriere.it

Malasanità: giudici bacchettano gli avvocati, ogni giorno una denuncia ad un medico ma la maggior parte vengono archiviate...
09 ottobre 2018
www.ordinemedicilatina.it

MARIA AZZURRA RIDOLFO

Laureata in Scienze Politiche, dottore di ricerca in Storia del Repubblicanesimo e del Costituzionalismo, è stata per diversi anni docente a contratto nella facoltà di Scienze Politiche dell'Università di Messina.
Si è occupata di ricerche storiche su Massoneria, Magistratura, Emigrazione.

ALFIO CARUSO

Una laurea in lettere moderne, una moglie e tre figli, per trent'anni è stato giornalista nelle principali testate della carta stampata nazionale e della televisione. Nel 1974, dando seguito all'invito di Indro Montanelli, diventa il più giovane fondatore de *Il Giornale*.
È autore di diversi romanzi e thriller, oltre che di saggi sulla storia italiana.

MARIA RITA CICERO

Avvocato penalista dal 1994, esercita la professione privilegiando la difesa delle vittime della mafia di reati colposi ricollegabili a responsabilità medica.
Dal 2014 difende nel procedimento penale i familiari di Stefano Terranova.

Finito di stampare nel mese di ottobre 2019.